유네스코가 주목한

한국의 세계유산1 문화유산 편

1판 1쇄 발행일 2025년 3월 20일

글쓴이 김영옥·류지은·민홍기·백종일·장용준 그린이 박은애

펴낸곳 (주)도서출판 북멘토 펴낸이 김태완

부대표 이은아 편집 김경란, 조정우 디자인 안상준 마케팅 강보람 경영기획 이재희

출판등록 제6-800호(2006. 6. 13.)

주소 03990 서울시 마포구 월드컵북로6길 69(연남동 567-11) IK빌딩 3층

전화 02-332-4885 팩스 02-6021-4885

🏠 bookmentorbooks.co.kr   ✉ bookmentorbooks@hanmail.net

📷 bookmentorbooks__   🅑 blog.naver.com/bookmentorbook

ISBN 978-89-6319-634-3 43900

유네스코가 주목한

한국의 세계유산

다 같이 찾으러 가 볼까요?

문화유산 편

김영옥 · 류지은 · 민홍기
백종일 · 장용준 글
박은애 그림

북멘토

들어가는말

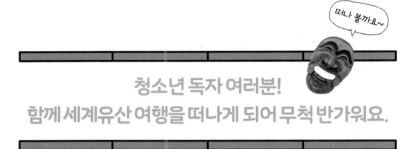

떠나 볼까요~

청소년 독자 여러분!
함께 세계유산 여행을 떠나게 되어 무척 반가워요.

선생님이 바다를 건너 일본 여행을 갔을 때였어요. 우리 고대 문화의 흔적이 남아 있는 법륭사^{호류지}를 갔더니, 일본 최초로 세계유산 지정이 되었다며 아주 크게 자랑을 하고 있더군요. 그때가 1994년이었어요.

아직 우리나라는 세계유산 등재가 하나도 되어 있지 않았을 때였어요. 그때 선생님은 법륭사를 구경하면서 반은 부러웠고 반은 샘이 났어요. 왠지 우리나라가 일본보다 국격이 뒤떨어진다는 생각이 들었거든요.

하지만 바로 다음 해인 1995년에 우리나라도 세계유산 등재를 시작하여 현재는 세계유산 16군데, 세계기록유산 18건, 인류무형문화유산 23종을 지닌 문화 강국으로 세계에 한민족 문화의 우수성을 자랑하고 있어요. 어때요, 이 정도면 우리나라도 문화 선진국임이 분명하지요?

선생님이 이 책을 엮은 이유는 다음과 같아요.

"미래의 지구촌 문화 지킴이들인 청소년들이 쉽게 이해할 수 있는 세계유산 책을 써야겠다. 그 책에는 우리나라 문화유산과 외국 문화유산들을 함께 실어 비교사적 관점에서 세계 문명과 문화 현상을 살필 수 있게 해야겠다."

이러한 바람 속에 만든 책이 바로 이 책이에요.

선생님은 간절히 원해요. 이 책을 통해서 청소년들이 우리 문화를 더욱 아끼고 사랑하며, 더 나아가서 인류가 만들어 낸 모든 문화유산을 천년만년 지켜 내는 문화 지킴이로 자라나기를요. 모두 그럴 수 있겠지요?

선생님은 여러분이 철벽 수비 능력을 지닌 세계 문화 지킴이가 될 것을 굳게 믿어요. 자, 그럼 지구촌 사람들이 만들고 지켜 온 세계유산을 찾아 역사 여행을 떠나 볼까요?

해리
(역사를 사랑하는 열네 살)

선생님
(답사 여행을 좋아하는 역사 선생님)

티지
(역사가 제일 재미있는 열네 살)

차례

자~ 그럼, 역사의 시간 속으로 들어가 보자고~

세계유산이란
무엇일까요?

세계유산World Heritage은 유네스코UNESCO, 국제연합교육과학문화기구가 1972년 정기 총회에서 채택한 '세계문화 및 자연유산 보호 협약'에 따라 전 인류가 공동으로 지켜 가야 할 문화유산 및 자연유산을 말해요.

우리 인류는 지금까지 수십만 년의 역사를 살아오면서 지구상에 수많은 문화유산을 남겼어요. 그러나 인간의 삶과 지혜가 담긴 문화유산 중 일부는 각종 자연재해와 무분별한 개발 속에서 점점 사라지고 있어요. 우리나라만 해도 2008년 겨울에 당시 국보 1호였던 남대문을 관리 소홀로 불태워 버려 막대한 예산을 들여 다시 건립했어요. 프랑스는 파리를 대표하는 소중한 문화유산인 노트르담 대성당을 2019년 봄에 불태워 버려 현재 막대한 예산을 들여 복원하고 있어요.

이처럼 인류의 잘못이나 자연재해로 인해 사라지는 문화유산이 없도록 유네스코는 인류 모두가 관심을 가져야 할 문화유산을 세계유산으로 등재하여 보호하고 있어요.

노트르담 대성당 화재

어떤 문화유산이 세계유산으로 등재될까요?

세계유산으로 등재되기 위해서는 세계가 인정할 만한 가치를 지녀야 해요. 또 그 유산이 있는 국가가 관리를 잘하고 있다는 사실을 국제적으로 인정받아야 해요. 따라서 세계유산으로 등재된다는 것은 국가적으로 매우 영광스러운 일이에요.

세계유산은 여러 문화유산으로 구분되어 등재된다던데요?

예, 맞아요. 유네스코는 세계유산을 다음과 같이 구분하여 등재하고 있어요.

문화유산

역사적으로나 문화적으로 중요한 가치를 지니는 유적이나 건축물, 장소 등을 등재해요.

자연유산

지구의 역사와 문화를 잘 나타내는 자연 생태물이나 그것이 있는 장소 및 멸종 위기에 처한 동식물의 서식지를 등재해요.

복합유산

문화유산과 자연유산의 특징을 동시에 충족하는 유산을 등재해요.

해리의 궁금증 --

세계유산을 등재하는 유네스코는 어떤 기구인가요?

전 세계의 교육, 과학, 문화 보급과 교류를 위해 설립된 유엔의 전문 기구예요. 유네스코가 하는 일 중 세계적으로 널리 알려진 것은 세계유산의 등재 및 관리, 보호예요. 유네스코에 현재 가입된 국가는 194개국이며, 본부는 파리에 있어요. 우리나라는 1950년에 가입하여 적극적으로 활동하고 있어요.

세계유산으로 등재되면 무엇이 좋은가요?

세계유산으로 등재되면 훼손 방지와 영구 보존을 위해 유네스코의 기술 자문을 받을 수 있어요. 유산 보존에 어려움을 겪는 국가에는 유네스코가 지원을 해서 세계유산이 훼손되는 것을 막아 줘요. 또 유산의 아름다움과 우수성을 세계 각국에 알려 세계유산이 있는 곳은 국제적인 관광 명소가 되어 많은 외국인 관광객을 유치할 수도 있어요.

우리나라에는 세계유산으로 등재된 문화유산이 얼마나 있나요?

2024년 기준으로 문화유산 14종, 자연유산 2종이 세계유산으로 등재되어 있어요.

문화유산	석굴암과 불국사	조선 왕릉
	해인사 장경판전	한국의 역사 마을, 하회와 양동
	종묘	남한산성
	창덕궁	백제 역사유적지구
	수원 화성	산사, 한국의 산지승원
	경주 역사유적지구	한국의 서원
	고창·화순·강화의 고인돌 유적	가야 고분군
자연유산	제주 화산섬과 용암 동굴	
	한국의 갯벌	

자! 그럼, 지금부터 선생님과 함께 우리나라에 있는 세계문화유산을 찾아가 볼까요? Go Go!

유네스코 세계유산으로 등재된 프랑스의 몽생미셸

유네스코 세계유산으로 등재된 에스파냐의 알람브라 궁전 요새에서 내려다본 그라나다 시가지

유네스코 세계유산으로 등재된 한국의 양동 마을

신라인의 예술혼이 살아 숨 쉬는

석굴암과 불국사

석굴암 본존불

경상북도

경주시

석굴암과 불국사는 신라 사람들의 불교에 대한 열정과 뛰어난 예술혼이 어우러져 창조된 우리 민족 최대의 걸작품이에요. 그래서 유네스코는 석굴암과 불국사를 우리나라의 여러 문화유산 중에서 가장 먼저 세계유산으로 등재했어요.

석굴암은 토함산 깊숙한 곳에 독창적인 건축 방식으로 만들어진 인공 석굴이에요. 석굴 안에는 자애로운 미소를 지닌 석가모니 불상이 좌대 위에 앉아 있으며, 불상 주위로 빙 둘러서 부처님을 모시는 보살상과 제자상이 조각되어 있어요.

통일 신라 시대인 8세기 후반에 만들어진 절인 불국사는 토함산 서쪽 중턱에 있어요. 절 내에 석가탑과 다보탑, 청운교와 백운교 등 신라 시대 석공들이 섬세한 손길로 다듬어 놓은 기념비적인 예술품이 다수 있어요.

티지의 궁금증 --------------------

석굴암과 불국사가 세계유산으로 가장 먼저 등재된 특별한 이유가 있나요?

석굴암은 건축, 기하학, 종교, 예술이 복합적으로 어우러져 만들어진 신라 전성기 때의 최고 걸작품이에요. 석굴암 내부에는 불상들이 정교하게 조각되어 있는데, 이는 신라인의 뛰어난 예술 감각과 기술력을 보여 줘요. 불국사는 불교 교리가 사찰 건축물 곳곳에 담겨 있는 전통 사찰이에요. 석굴암과 불국사는 우리나라 고대 불교 예술의 정수를 보여 주기에 유네스코는 이곳을 우리나라 여러 문화유산 중에서 가장 먼저 세계유산으로 등재했어요.

	석굴암	불국사
세계유산 등재 연도	1995년	1995년
만들어진 시기	통일 신라(774년)	통일 신라(774년)
있는 곳	경상북도 경주시 석굴로 238	경상북도 경주시 불국로 385
관람 시간	연중무휴 09:00~17:00	연중무휴 09:00~17:00

다 같이 돌자! 불국사 한 바퀴

삼국을 통일한 신라인들은 신라를 '부처님의 나라'로 만들고자 했어요. 그래서 건설한 절이 불국사지요. 불국사를 짓기 시작한 사람은 김대성으로, 그는 751년에 절을 짓기 시작했어요. 하지만 김대성은 절이 다 지어지기 전에 죽었고, 불국사는 774년 신라 정부에 의해 완성되었어요.

지금은 없어졌지만, 옛날에는 불국사로 올라가는 돌계단 밑에 연못이 있었어요. 이 연못 위에 청운교와 백운교가 설치되었고, 정문인 자하문을 열고 들어서면 부처님 세계가 활짝 펼쳐져요.

자하문 안쪽 공간인 대웅전, 극락전, 비로전 구역은 부처님의 세계예요. 청운교, 백운교, 칠보교, 연화교는 인간 세상과 부처님이 사는 극락세계를 연결해 주는 중간 역할을 하는 다리들이에요.

해리의 궁금증

석가모니불, 아미타불, 비로자나불이 뭐예요?

불교에서는 모시는 부처님이 여러 명 있어요. 우리나라 불교에서는 석가모니불, 아미타불, 비로자나불을 많이 숭배해요. 석가모니불은 불교를 만든 석가모니를 형상화한 부처로, 현실 세계를 관장하는 부처예요. 아미타불은 서방의 극락세계를, 비로자나불은 연화장 세계를 관장하는 부처예요. 세 부처는 이름만 다를 뿐 사실 같은 존재예요. 아미타불은 석가모니불의 다른 모습이고, 비로자나불 또한 석가모니불의 진리를 나타낸 부처님이에요.

❶ 청운교·백운교
불국사의 중심 건물인 대웅전으로 오르는 다리예요. 현재는 평지지만 예전에는 다리 밑에 연못이 있었지요. 계단이 33개인 이유는 불교의 33천을 표현했기 때문이래요.

❷ 자하문
석가모니 부처님이 사는 대웅전의 정문으로 '자줏빛 안개가 서린 문'이란 뜻이에요.

❸ 석가탑
석가모니 부처님을 상징하는 탑으로 통일 신라를 대표하는 석탑이에요.

❹ 다보탑
석가모니 부처님에게 세상을 구제할 만한 능력이 있음을 증명해 준 부처인 다보여래를 상징하는 탑이에요.

❺ 대웅전
석가모니 부처님을 모신 집이에요. 절에 있는 여러 집 중에서 가장 중심이 되는 집으로 '본당', '금당'이라고도 해요.

❻ 관음전
관음보살을 모신 집이에요.

❼ 범영루
수미산 모양을 한 멋들어진 돌기둥 위에 108명이 앉을 수 있는 누각을 지어 놓았어요. 수미산은 불교에서 세계의 중심에 있다는 상상의 산이에요.

❽ 회랑
대웅전과 극락전을 빙 두른 기와지붕을 한 복도가 있어요. 이를 '회랑'이라 해요. 회랑은 부처님을 뵈러 온 사람들이 다니는 통로이면서 동시에 석가모니 부처님이 계신 대웅전 영역과 아미타 부처님이 계신 극락전 영역을 나누는 역할도 해요.

❾ 칠보교·연화교
아미타불이 모셔진 극락전으로 올라가는 다리예요. 아미타불은 서방 극락정토를 관장하는 부처로 통일 신라 시대 사람들이 가장 많이 모셨어요.

❿ 안양문
아미타불이 사는 극락세계로 들어가는 문이에요. '안양'은 아미타불의 세계인 '극락'의 또 다른 이름이에요.

⓫ 극락전
아미타 부처님을 모신 집이에요.

⓬ 비로전
비로자나 부처님을 모신 집이에요.

불국사에서 보물찾기

불교 경전 중의 하나인《법화경》에 이런 이야기가 나와요. 석가모니 부처님이 인도에 있는 영취산에서 사람들에게《법화경》을 강의하고 있었어요. 이때 땅속에서 칠보로 장식한 탑이 솟구치더니 그 속에서 다보여래가 나와 '석가모니 부처님이 하는 말은 모두가 진리 그 자체'라고 찬양했다고 해요.

무구정광대다라니경
세계에서 가장 오래된 목판 인쇄물로, 석가탑 2층에서 나왔어요. 조그만 탑을 많이 만들어 부처님 앞에 바치고 주문을 외면 부처가 될 수 있다는 내용이 적혀 있지요.

석가탑
전체 균형이 잘 잡혀 있어서 모범생 같은 느낌을 주는 석가탑은 통일 신라 시대 3층 석탑의 교과서라고 할 수 있어요.

다보탑
돌을 정교하게 다듬어 나무로 집을 짓듯 만들었어요. 섬세하고 화려한 아름다움을 뽐내며 석가탑과 멋진 대비를 이루어요.

석가탑과 다보탑은 《법화경》 속 다보여래가 석가모니 부처를 찬양하는 장면을 사람들이 알기 쉽도록 눈에 보이는 탑으로 표현한 것이에요. 즉, 석가탑은 현재 세상을 관장하는 부처인 석가여래를, 다보탑은 석가모니가 관장하기 이전의 세상을 담당했던 다보여래를 나타낸 것이죠. 석가탑에 비해 다보탑이 화려한 이유는 《법화경》에 나오는 땅속에서 솟아오른 칠보로 장식한 탑을 형상화했기 때문이에요.

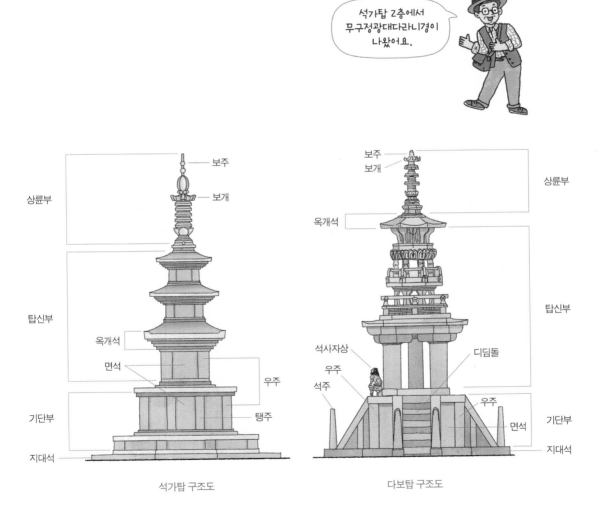

석가탑 2층에서 무구정광대다라니경이 나왔어요.

석가탑 구조도

- 보주
- 보개
- 상륜부
- 탑신부
- 옥개석
- 면석
- 우주
- 기단부
- 탱주
- 지대석

다보탑 구조도

- 보주
- 보개
- 상륜부
- 옥개석
- 탑신부
- 석사자상
- 디딤돌
- 우주
- 석주
- 우주
- 면석
- 기단부
- 지대석

석굴암에서 보물찾기

불국사가 있는 토함산 아흔아홉 굽이 고갯길을 한참 오르면 석굴암이 나와요. 이 석굴은 본래 석불사라 했는데, 현재는 석굴암이라고 해요.

석굴암은 인공 석굴로 석가모니 부처님이 앉아 계신 '주실主室'과 승려와 신도들이 부처님에게 기도와 절을 하는 '전실前室'로 구분돼요. 전실은 네모꼴로 땅을 상징하고, 주실은 원형으로 하늘 세계를 나타내요. 고대 동양 사회에서는 땅은 네모, 하늘은 원형이라고 생각했는데, 석굴암도 고대 동양인의 천문 사상을 담고 있지요.

주실에는 자비로운 미소를 지닌 부처님이 가부좌를 튼 채 앉아 있어요. 석가모니 부처님이죠. 부처님 주위의 석실 벽에는 부처가 되기 위해 오늘도 좋은 일을 열심히 하고 있

석굴암 본존불
항마촉지인 자세로
해가 뜨는 동해를 향
해 앉아 있어요.

는 보살들과, 석가모니가 살아 계실 때 가르침을 받던 10대 제자가 빙 둘러 서 있어요.

승려와 신도들이 의식을 치르는 공간인 전실의 벽면에는 불법을 수호하는 불상들인 팔부신중이 벽면 좌우에 네 명씩 서 있어요. 부처님을 지키는 호위무사들이죠. 전실에서 주실로 들어가는 입구에는 금강역사 두 명이 좌우에서 힘을 뽐내요. 인왕상이라고도 하는 이 불상은 부처님의 세계로 들어가는 출입문을 지키는 문지기 불상이에요. 울퉁불퉁한 근육질 몸매가 매우 인상적이지요. 팔부신중과 금강역사는 본래 고대 인도 신화에 나오는 토속 신들인데, 불교가 융성하면서 불법을 수호하는 신으로 자리를 잡았어요.

금강역사 안쪽 주실과 가까운 쪽 벽면에는 사천왕이 있어요. 이들 불상은 불교에서 말하는 이상 세계인 수미산의 동서남북을 관장하는 수호신이에요. 석가모니 부처님이 앉아 있는 주실 안으로 나쁜 기운이 들어오면 언제라도 물리칠 태세를 하고 있어요.

해리의 궁금증 --

석굴암 본존불은 왜 동쪽을 향해 앉아 있을까요?

본존불이 향하고 있는 방향은 동동남 30°예요. 이 방향은 동짓날 해가 뜨는 곳 29.4°와 거의 일치해요. 따라서 동해에 맑고 고운 아침 해가 떠오르면 햇빛이 부처님 이마에 있는 백호(부처님 얼굴의 눈썹과 눈썹 사이 정중앙에 있는 원형 점)에 반사되어 석굴암 전체를 환하게 만들며 신비로운 부처님의 세계를 연출해요.

티지의 궁금증 --

항마촉지인이 뭐예요?

부처님은 다양한 손 모양을 하고 있는데, 항마촉지인도 그중 하나예요. 우리말로 풀이하면 '악마를 항복시킨 손 모양'이라는 뜻이지요. 석가모니가 보리수나무 밑에서 깨달음을 얻으려 할 때 악마들이 이를 방해하러 왔어요. 악마 대장은 석가모니에게 "네가 만일 큰 깨달음을 얻었다면, 땅의 신을 불러내어 증명해 보아라." 하고 말했어요. 이때 석가모니가 오른손으로 땅을 가리키니, 땅의 신이 나타나 석가모니가 깨달은 자임을 증명해 주었다고 해요. 이에 악마들은 석가모니에게 굴복했고, 이때 모습을 형상화한 부처님의 손 모양이 '항마촉지인'이지요.

인도네시아: 보로부두르 불교 사원군

등재 연도 1991년

현재 인도네시아 인구는 약 2억 8천만 명으로, 전체 인구의 87% 정도가 이슬람교를 믿고 있어요. 불교 신자는 0.7% 정도에 불과하고요. 그런데 특이하게도 이슬람 국가인 인도네시아에 세계 최대 불교 유적지가 있어요. '보로부두르 사원'이에요. 보로부두르라는 이름은 고대 인도어로 '언덕 위에 있는 사원'을 의미해요.

돌을 직사각형으로 정교하게 다듬어 계단식 피라미드 형태로 쌓아 올린 보로부두르 사원은 인도네시아에 불교가 융성했던 8세기에서 9세기 사이에 세워진 것으로 추측돼요. 그러나 보로부두르 사원은 세워진 이후, 알 수 없는 이유로 천여 년 동안 방치되었어요. 이 시기에 보로부두르는 밀림 속에서 화산재로 뒤덮인 채 폐허로 변했지요.

1968년에 와서야 인도네시아 정부는 보로부두르 구하기 캠페인을 시작했어요. 유네스코를 비롯한 세계 여러 나라 문화재 보호 단체의 후원으로 보로부두르 복원 작업이 체계적으로 진행되었어요. 유네스코는 인도에서 동남아시아로 전해진 불교의 특징과 자바 지역 불교 예술의 절정기 모습을 잘 간직한 보로부두르 사원을 1991년 세계유산으로 등재했어요.

인도: 아잔타 석굴

등재 연도 1983년

석굴 내부
프레스코 벽화

아잔타 석굴은 인도 서북부의 데칸고원에 있는 석굴 사원이에요. 아주 오래전 용암 분출로 생긴 현무암 절벽에 깊이 20m 정도의 석굴 29개를 파서 만들었어요.

아잔타 석굴은 4세기 전반부터 6세기 후반까지 인도 북부 지역을 다스렸던 굽타 왕조의 찬란한 불교 문화유산을 잘 보여 주고 있어요. 또 석굴 내부에 그려진 프레스코 기법석회 반죽을 칠한 벽면에 그림을 그리는 기법을 사용한 불교 벽화들은 2,000여 년이 넘는 세월에도 영롱함을 유지하고 있어서 세련된 굽타 왕조의 문화 수준을 짐작하게 해요.

하지만 이 석굴 사원은 7세기 이후 인도에서 불교가 쇠퇴하며 사람들의 관심에서 멀어졌어요. 숲속에 근 1천여 년을 파묻혀 있다가, 1819년 영국인 존 스미스가 석굴을 발견하면서 세상에 그 존재가 다시 알려졌어요. 이후 고대 인도 불교 미술의 정수로 그 가치를 인정받아 1983년 세계유산으로 등재되었어요.

캄보디아: 앙코르

등재 연도 1992년

캄보디아 국기

캄보디아 국기는 파란, 빨강, 파란색 바탕에 하얀색 앙코르 와트가 그려져 있어요. 이것만 보더라도 캄보디아인들이 앙코르 와트를 얼마나 사랑하는지 잘 알 수 있어요.

앙코르는 9세기부터 15세기까지 캄보디아에 있었던 크메르 제국의 수도예요. '앙코르 유적' 하면 '앙코르 와트'만 떠올리지만, 사실 앙코르는 앙코르 톰과 타 프롬 사원을 비롯한 앙코르 지역 이곳저곳에 있는 여러 유물과 유적을 아우르는 문화유산이에요.

세계유산으로 등재된 앙코르 지역 사원들은 힌두교 사원 같으면서도 불교 사원 같은 두 얼굴의 독특한 모습을 하고 있어요. 크메르 왕국의 국교가 힌두교에서 불교로 바뀌었기 때문에 두 종교의 영향이 사원 건축에 고스란히 남아 있지요.

앙코르 유적 또한 보로부두르 사원이나 아잔타 석굴 사원처럼 앙코르 왕국의 멸망과 함께 사람들의 관심에서 멀어졌어요. 이후 매우 긴 시간 동안 밀림 속에 숨어 있다가 19세기에 들어서야 세상에 다시 모습을 드러냈어요. 이후 프랑스를 비롯한 세계 각국의 적극적인 지원 속에 복원 작업이 이루어졌고, 1992년 유네스코 세계유산으로 등재되었어요.

중국: 둔황 모가오 굴

등재 연도 1987년

둔황은 중국 타클라마칸 사막 동쪽 끝에 있어요. 이곳은 실크로드^{비단길}의 관문으로, 오

《왕오천축국전》

아시스 도시이면서 고대 동서 교역의 거점이자 불교 문화가 화려하게 꽃핀 곳이에요.

　세계유산으로 등재된 둔황 모가오 동굴은 불교 사원 유적지로, 벌집처럼 뚫린 천여 개의 굴이 있어서 '천불동千佛洞'이라 불려요. 또 사막에 있어서 '사막의 미술관'이라고도 해요. 사막 지역에 불교 조각과 미술품이 있는 이유는 천여 년 동안 수많은 승려와 예술가가 실크로드를 오가며 둔황을 부처님의 세계로 만들려 했기 때문이에요.

　19세기 초반 둔황을 탐사한 프랑스의 동양학자 폴 펠리오는 모가오 제17굴을 관리하던 중국 승려로부터 옛날 책 여러 권을 사들여 프랑스로 가져갔어요. 이 책 중에 신라 승려 혜초가 쓴 《왕오천축국전》도 있었어요. 현재 《왕오천축국전》은 프랑스 국립도서관에 보존되어 있어요.

23

자연환경을 적절히 이용한 보존 과학의 최고봉
해인사 장경판전

장경판전 내부

합천군

경상남도

경상남도 합천군 가야산 자락에 있는 해인사에는 팔만대장경이 보관된 건물이 있어요. 이 건물을 '장경판전'이라 불러요. '장경'은 부처님의 말씀을 총정리해서 한데 묶어 놓은 대장경^{팔만대장경}을 말하고 '판전'은 대장경을 새긴 나무판을 보관하기 위해 지은 집을 말해요. 따라서 해인사 장경판전은 팔만대장경 목판을 보관하는 건물이지요.

고려 후기 최씨 무신 정권 시절, 몽골이 고려를 침략했어요. 고려는 부처님의 힘을 빌려 몽골을 물리치기 위해 강화도에서 팔만대장경을 만들었어요. 무려 팔만 장이 넘는 목판 불경을 본래는 강화도 선원사에 보관했어

티지의 궁금증

해인사 장경판전이 세계유산으로 등재될 만큼 세계적인 문화유산인가요?

해인사에 가서 장경판전을 보면 '애걔걔~ 뭐 저런 것이 세계유산이야?' 하며 실망할 수도 있어요. 장경판전의 겉모습은 기와로 지붕을 올린 평범한 창고 건물처럼 보여요. 하지만 장경판전은 내부 습도 조절과 공기 순환이 잘 이루어지도록 설계된 매우 과학적인 건물이에요. 그 덕분에 판전 안에 보관된 팔만대장경은 오랜 세월이 지나도 훼손되거나 뒤틀림이 거의 없이 현재까지 잘 보존되고 있어요. 이런 이유 때문에 유네스코는 장경판전을 1995년 세계유산으로 등재했어요.

요. 그러나 고려 말 왜구의 침입이 잦아지며 강화도까지 왜구들이 출몰하자 대장경을 잠시 한양^{서울}으로 옮겼다가 조선 태조 7년^{1398년}에 해인사로 옮겨 지금까지 장경판전에 보관하고 있어요.

	해인사 장경판전
세계유산 등재 연도	1995년
만들어진 시기	조선 전기
있는 곳	경상남도 합천군 가야면 해인사길 122
관람 시간	하절기 : 08:30 ~ 18:00 / 동절기 : 08:30 ~ 17:00 (팔만대장경 내부 관람은 해인사 홈페이지에서 사전 예약)

25

다 같이 돌자! 해인사 한 바퀴

법보 사찰 해인사는 신라의 유명한 승려 의상 대사의 '화엄 10찰' 중 하나로 신라 애장왕 3년(802년)에 의상 대사의 제자인 순응과 이정이 만들었어요. 해인사라는 이름은 불교의 중요 경전인 《화엄경》에 나오는 '해인 삼매'에서 따왔어요. 해인 삼매는 우리가 사는 세상을 한없이 깊고 넓은 큰 바다에 비유하여, 거친 파도인 중생의 번뇌와 망상이 멈출 때 비로소 우주의 참된 모습이 그대로 바다(海)에 비치는(印) 경지를 말해요.

해리의 궁금증 ---

해인사를 왜 '법보 사찰'이라 부를까요?

불교에서는 불(부처님), 법(부처님의 가르침), 승(부처님의 가르침을 신도들에게 전하는 스님)을 '삼보'라 해요. 삼보는 '세 가지 중요한 보물'이라는 뜻이지요. 우리나라 절 중에서 통도사, 해인사, 송광사를 '삼보 사찰'이라고 하는데, 그 이유는 다음과 같아요. 통도사는 신라 선덕 여왕 때 자장 율사가 절을 지으면서 부처님의 진신 사리(부처님의 몸에서 나온 사리)를 금강 제단에 모셔 놓았어요. 그래서 '불보 사찰'이라 해요. 해인사는 부처님의 말씀을 새긴 팔만대장경이 보관되어 있어서 '법보 사찰'이라 해요. 송광사는 고려 시대 때 조계종을 세운 보조 국사가 머무른 이후 15명의 국사(國師)를 배출해서 '승보 사찰'이라 해요.

❶ 일주문

절로 들어가는 첫 번째 문이에요. 기둥이 건물 좌우에 하나씩만 있어서 '일주문'이라 해요. '인간 세상의 모든 괴로움을 버리고 오직 하나의 마음으로 부처님의 세상에 들겠다.'라는 각오가 담겨 있어요.

❷ 봉황문

내부에 사천왕이 눈을 부라리며 절을 지키고 있어요.

❸ 해탈문

이 문을 지나면 부처님의 세상이 펼쳐지면서 너와 나, 삶과 죽음, 시작과 끝이 둘이 아닌 하나의 세계에 이르러요. 그래서 해탈문을 '둘이 아니다.'라는 의미에서 불이문이라고도 해요.

❹ 구광루

이 누각에서 덕망 높은 스님이 부처님 말씀을 승려와 신자들에게 전했어요.

❺ 종각

부처님의 진리가 온 세상에 퍼지기를 바라며 새벽 3시와 저녁 6시에 사물종. 북. 운판. 목어을 울려요.

❻ 명부전

저승 세계를 관장하는 신들을 모셔 놓은 곳이에요. 이곳에 있는 지장보살은 지옥에 떨어진 사람도 자신의 죄를 뉘우치면 구원해 준대요.

❼ 대적광전

해인사에서 가장 중심이 되는 집으로, 비로자나 부처님이 모셔져 있어요. 비로자나불은 불교의 진리를 상징하는 부처님이에요.

❽ 장경판전

팔만대장경을 보관하고 있는 집이에요. 부처님을 모신 법당보다 위쪽에 있어요. 일반적으로 절에서 가장 높고 중요한 자리에 부처님을 모시는 법당을 두는데, 해인사는 장경판전이 법당인 대적광전보다 위에 있어요. 그만큼 팔만대장경을 중시했다는 이야기지요.

27

장경판전에서 보물찾기

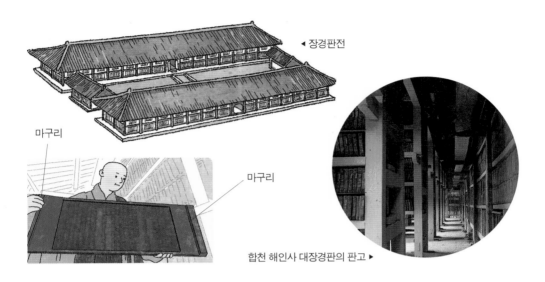

◀ 장경판전

마구리

마구리

합천 해인사 대장경판의 판고 ▶

장경판전은 보존 과학이 숨 쉬는 집이에요. 이곳에 보관된 팔만대장경판은 만들어진 지수백 년이 흘렀지만, 경판이 휘거나 훼손되지 않고 대부분 원형 그대로 보존되고 있어요. 왜 그럴까요? 이는 자연환경과 조화를 이루도록 설계된 장경판전이 건물 내부의 온도와 습도, 바람의 흐름을 스스로 조절하고 있기 때문이에요.

장경판전은 크게 네 채의 건물로 이루어져 있는데, 긴 네모꼴 모양을 하고 있어요. 남쪽 건물을 수다라장, 북쪽 건물을 법보전이라 해요. 수다라장과 법보전 내부에 들어서면 기다란 통로를 사이에 두고 5단으로 만들어진 선반에 대장경판이 두 줄로 빼곡하게 끼워져 있어요. 경판 위로 약간의 공간이 있어서 바람이 드나들 수 있게 해 놨어요. 경판은 테두리에 두꺼운 나무마구리를 덧대어 서가에 경판이 촘촘하게 꽂혀도 각 경판 사이로 바람이 자연스럽게 통하도록 했어요.

이러한 장치들 때문에 장경판전 내부 온도는 외부에 비해 항상 0.5~2℃ 정도 낮게 유지되고, 습도 역시 외부에 비해 5~10% 정도 낮은 상태를 유지하고 있어요. 또 아무리 건조해도 습도가 40% 이하로 내려가는 일이 드물어요. 결국 장경판전은 우리 조상들의 지혜와 전통 과학이 만든 보존 과학의 결정체라고 할 수 있지요.

해인사는 조선 후기에만 일곱 차례 불이 났는데, 장경판전은 전혀 피해를 입지 않았어. 현재 장경판전에는 대장경판이 무려 8만 1,258매가 보관되어 있지.

아하! 그래서 팔만대장경이라 하는구나.

판전 바닥

많은 양의 숯과 소금, 석회를 땅속에 넣고 바닥을 다졌어요. 비 오는 날에는 과도한 습기를 흡수하고 건조한 겨울에는 머금고 있는 습기를 내뿜어 항상 일정한 습도를 유지하기 위해서 이렇게 했지요. 우리 조상들은 이미 숯과 소금, 석회가 습기를 빨아들이는 성질이 탁월했음을 알고 있었지요.

창문 크기

장경판전에는 수직으로 된 나무 창살을 가진 다양한 크기의 창문이 외벽에 다수 설치되어 있어요. 이 창문들을 통해 건물 안으로 들어온 바람이 내부에 고루 퍼지며 통풍과 환기를 좋게 함과 동시에 실내 온도를 알맞게 유지하게 해요.

◀ 장경판전 앞면 실창

장경판전 뒷면 실창 ▶

29

이탈리아: 로마 역사지구
-바티칸 시국의 유산들과 산 파올로 푸오리 레 무라 대성전

등재 연도 1980년(1990년 확장)

로마 역사지구 내 포로 로마노의 모습

판테온 천장의
원형 구멍

현재 이탈리아 수도인 로마는 고대에 지중해를 중심으로 유럽과 북아프리카, 서아 시아 일대를 주름잡은 큰 나라였어요. 유네스코 세계유산으로 등재된 로마 역사 지구는 로마가 대제국이었던 고대 시대에 정치, 문화의 중심지였어요. 로마 역 사지구에는 고대 로마의 정치와 문화 중심지였던 포로 로마노를 비롯해서 원형 경기장인 콜로세움, 고대 건축의 정수를 보여 주는 판테온, 콘스탄티누스 황제 개 선문, 카라칼라 욕장목욕탕과 같은 다양한 유적이 자리 잡고 있어요.

로마 역사지구의 여러 유적 중에서 판테온은 매우 독특한 건축물이에요. 고대 로마의 신 들을 모셔 놓은 신전인 판테온은 둥근 돔 모양 천장 가운데가 원형으로 크게 뚫려 있어요. 지름이 9m나 되는 이 구멍을 '천장의 오쿨루스Oculus, 커다란 눈'라 했어요. 신기한 것은 이 원 형 구멍으로 실내의 더운 공기가 빠져나가면서 비가 오더라도 빗물이 실내로 들어오는 것 을 막았어요. 해인사 장경판전처럼 판테온 신전에도 과학의 원리가 적용된 것이죠.

이란: 야즈드 역사 도시

등재 연도 2017년

이란의 루트 사막은 지구에서 가장 더운 곳 중 하나로 알려져 있어요. 비공식 기록이지만 2021년에는 섭씨 80도에 육박했어요. 이처럼 혹독한 환경에서도 사람이 살 수 있을까요?

루트 사막과 카비르 사막 중간에 역사 도시 '야즈드Yazd'가 있어요. 척박한 사막에 자리 잡은 도시지만, 실크로드 무역으로 부를 축적했던 전통과 연륜이 깊은 도시예요. 이탈리아 베네치아의 상인으로 실크로드를 따라 13세기 때 중국을 다녀갔던 마르코 폴로는 《동방견문록》에서 야즈드를 '고상하고 아름다운 도시'라 말했어요.

이처럼 오랜 전통을 지닌 야즈드는 무더위를 막기 위해 카나트Qanats와 바드기르Badgir를 설치했어요. 카나트는 도시의 지하를 거미줄처럼 촘촘하게 흐르는 인공 수로예요. 물이 귀한 사막 지대에 있는 야즈드 사람들의 생명줄이자 도시 온도를 낮추는 역할을 했지요. 바드 기르는 건물의 지붕에 설치되어 있는 환기탑이에요. 실내 환기와 온도를 낮춰 주는 역할을 했어요. 어때요? 야즈드 사람들의 지혜와 과학 응용 기술도 상당했지요?

중국: 푸젠성 토루

등재 연도 2008년

1980년대에 미국에서 일어난 실제 사건이에요. 인공위성으로 중국 땅을 살펴보던 미국 중앙 정보국CIA에 비상이 걸렸어요. 중국 남부 푸젠성 부근에 핵미사일 기지로 추정되는 건축물이 발견되었어요. 나중에 밝혀진 사실이지만, 이 건축물들은 핵기지가 아닌 '토루±樓'라고 하는 중국의 전통 가옥이었어요. 푸젠성 지방의 전통 가옥인 토루는 12세기 무렵 전쟁을 피해 북쪽 지방에서 내려와 정착한 사람들과 그 후손들이 만든 대가족용 공동 주택이에요. 진흙과 나무, 지푸라기, 찹쌀 등을 섞어 두꺼우면서도 단단하게 쌓은 외벽은 성채처럼 보이지만, 내부는 4, 5층짜리 아파트형 주택 건물이지요.

토루 내부 모습

왜 이처럼 단단하게 쌓았냐고요? 외적의 침입을 가족 스스로가 막기 위해서였어요. 방어용 건물답게 출입문은 오직 한군데만 두었고, 외벽 1, 2층에는 창문을 설치하지 않았어요. 밖으로 뚫린 창은 환기를 위한 창문 역할도 했지만, 외적이 쳐들어왔을 때 활이나 총을 쏘고 뜨거운 물을 아래로 쏟아부을 수 있는 방어 시설이기도 했어요.

파키스탄: 모헨조다로 고고 유적

등재 연도 1980년

"인류의 역사는 화장실의 역사다."

프랑스를 대표하는 작가 중 한 사람인 빅토르 위고가 남긴 말이에요. 그도 그럴 것이 현재도 수많은 사람이 화장실을 이용하며 살고 있고, 개인이 평생 화장실에서 보내는 시간을 합하면 1년 가까이 된다고 해요.

그런데요, 인류 역사에서 화장실은 언제부터 만들어졌을까요? 지금으로부터 4,500여 년 전에 만들어진 도시 모헨조다로 유적에서 화장실의 초기 형태를 찾을 수 있어요. 이 화장실이 어찌 보면 세계에서 가장 오래된 화장실이라고 할 수 있지요.

모헨조다로는 벽돌을 사용해 반듯하게 지어진 '인류 최초의 계획도시'라 할 수 있어요. 도시 내부는 바둑판 형태로 공간 분할을 했기에 반듯한 도로가 설치되어 있으며, 시민들이 이용하는 목욕탕, 하수도, 화장실과 같은 공공 시설물이 곳곳에 배치되어 있어요.

조선 왕실의 사당
종묘

종묘 정전 내부 모습

텔레비전에서 하는 역사 드라마를 보면, 임금이 잘못하거나 나라가 위태로울 때 신하들이 "전하, 종묘사직이 위태롭나이다." 하면서 임금 앞에 엎드려 머리를 조아리는 모습이 나와요. 도대체 종묘사직이 무엇이기에 신하들은 임금의 잘못을 따질 때 '종묘사직'을 들먹이며, 임금 또한 '종묘사직'이란 단어만 나오면 꿀 먹은 벙어리가 되고 말까요?

종묘사직은 왕의 조상신을 모신 사당인 '종묘'와 토지와 곡식의 신에게 제사 지내는 '사직단'을 함께 부르는 말이에요. 지금은 종묘사직이 큰 역할을 못 하지만, 왕이 나라를 이끌던 시대에는 왕의 정통성을 조상신과 자연신으로부터 부여받았기에 이들에게 제사 지내는 곳인 종묘와 사직단은 매우 중요한 장소였어요.

유네스코가 세계문화유산으로 지정한 '종묘'는 조선 시대 왕과 왕비의 혼이 담긴 위패를 모시고 제사를 지내는 곳이에요. 유교를 국가 근본이념으로 삼았던 나라는 대부분 종묘 제도를 채택했는데, 지금까지 종묘에서 지내는 제사 의식을 이어 오는 나라는 전 세계에서 우리나라가 유일해요. 그래서 유네스코는 종묘를 세계유산으로 등재했어요.

임금이 거주하는 궁궐을 중심으로 종묘는 동쪽에, 사직단은 서쪽에 설치하지.

	종묘
세계유산 등재 연도	1995년
만들어진 시기	조선 초기(1395년)
있는 곳	서울특별시 종로구 종로 157
관람 시간	계절, 요일에 따라 다름(매주 화요일 휴무)

35

다 같이 돌자! 종묘 한 바퀴

조선 왕실의 조상신들을 모신 종묘는 본래 창덕궁, 창경궁과 한 영역이었어요. 그런데 일제 강점기 때 조선 총독부가 조선 왕조의 맥을 끊기 위해 궁궐과 종묘 사이에 큰길을 내 버렸어요. 그러다 보니 현재는 궁궐과는 관련이 없는 독립적인 건물처럼 보여요.

❶ 남문

종묘의 정문으로 이 문으로는 왕도 출입할 수 없었어요. 오직 영혼만이 다닐 수 있었죠. 왕은 동문으로 출입했어요.

❷ 서문

종묘에서 제례를 지낼 때 악기를 연주하는 악공들과 춤꾼들은 이 문으로 들어왔어요.

❸ 월대

정전 건물 앞에 평평한 돌들이 가로 110m, 세로 70m 정도 깔려 있어요. 이곳을 월대라 해요. 제관들이 대열을 갖추어 제례를 진행하는 곳이에요. 하늘에서 내려온 신神을 즐겁게 하기 위한 음악을 연주하고 춤을 추는 곳도 여기예요.

❹ 정전

조선 시대 왕과 왕비의 혼이 담긴 위패를 모신 건물이에요. 길게 수평을 이른 지붕선이 무척 아름다운 건물이죠. 마치 하늘과 땅, 삶과 죽음을 연결한 듯 근엄하고 장중한 모습을 하고 있어요. 현재 정전에는 19개 방에 49 신위를 모시고 있어요.

해리의 궁금증 --------------------

여성도 종묘 제례에 참여했나요?

조선 왕조는 유교 국가였어요. 유교에서는 여성의 사회 활동을 제한했기에 국모인 왕비라 할지라도 종묘 제사에 참석할 수 없었어요. 다만 아예 없었던 것은 아니에요. 숙종 때 여성이 '묘현례(廟見禮)'라는 종묘 행사에 참여한 기록이 있어요. 이 의례는 왕 혹은 세자와 결혼하는 신부가 혼례를 마친 뒤 종묘에 와서 조상신들에게 공식적으로 올리는 인사 의례였어요. 조선 시대 국가 의례 중 유일하게 여성이 참여할 수 있었던 의례라는 점에서 그 의미가 깊지요.

❺ 영녕전

세월이 흐르면서 왕과 왕비의 위패가 늘어나 정전 안에 다 모실 수 없게 되자, 새로 건물을 지었어요. 조상과 자손 모두 마음이 평안하라는 뜻에서 이름을 '영녕전'이라 했지요.

❻ 공신당

공을 많이 세운 신하 83명의 위패를 모신 곳이에요.

❼ 전사청

제사에 사용하는 음식을 준비하던 집이에요.

❽ 악공청

종묘 제례를 치를 때 악사들이 대기하며 연습하던 곳이에요.

❾ 어숙실 (재궁)

제사를 지내기 전에 왕과 세자가 머무르면서 목욕재계하고 의복을 갈아입던 곳이에요.

❿ 향대청

제사에 사용할 제사 예물을 보관하고 헌관제사를 주관하는 사람이 대기하던 장소예요.

⓫ 공민왕 신당

고려 후기 임금인 공민왕과 부인인 노국 대장 공주를 모신 곳이에요. 조선 왕들의 혼을 모신 종묘에 고려 임금을 모신 것이 좀 특이하지요. 태조 이성계의 명에 의해 만들었대요.

종묘에서 제사를 지낼 때 춤, 노래, 악기가 어우러진 음악이 펼쳐지기도 했어.

종묘에서 보물찾기

종묘는 조선 왕조의 정통성이 드러나는 상징적 공간이기 때문에 조선 시대 최고의 기술자들이 힘을 합쳐 만든 최고급 건축물이에요. 하지만 종묘는 왕이 살던 궁궐만큼은 화려하지 않아요. 조상신을 모시는 장소였기 때문에 장식과 색채를 최소화하고 최대한 단순하게 지어 장엄함을 드러냈지요. 사람들은 하늘과 맞닿은 정전의 지붕 선을 보면서 '단순과 반복과 절제의 아찔한 아름다움'을 느낀다고 말하고는 해요.

종묘 전경

영녕전

종묘 정전

망묘루

티지의 궁금증 --------------------

종묘의 정전은 왜 이렇게 길어요?

종묘의 정전은 우리나라 목조 건축물 중에서 가장 긴 건물이에요. 하지만 이 건물이 처음부터 길지는 않았어요. 조선 초, 처음 정전을 만들 당시에는 7칸에 불과했어요. 그 뒤 모셔야 할 조상신이 늘어나며 여러 번 증축해서 현재는 19칸 규모의 101m짜리 매우 긴 건물이 되었어요.

향대청

공민왕 사당

베트남: 후에 기념물 복합지구

등재 연도 1993년

후에 지역은 베트남의 마지막 왕조 국가 응우옌 왕조1802년~1945년의 수도였던 곳이에요. 19세기 초반부터 20세기 중반까지 140여 년간 베트남의 정치·문화 중심지였던 곳이지요. 응우옌 왕조의 궁궐인 후에 왕궁은 인도차이나 전쟁과 제2차 세계 대전, 베트남 전쟁을 거치면서 많은 건물이 파괴되었어요. 하지만 세계유산으로 등재된 후에 기념물 복합지구는 응우옌 왕조의 역사와 전통이 잘 담긴 곳이에요.

베트남은 한국, 중국, 일본 등 동아시아 국가와 마찬가지로 유교 이념에 따라 나라를 정비했어요. 그러다 보니 수도 안의 왕궁과 관청 배치가 동아시아의 다른 유교 국가들과 비슷해요. 후에 왕궁의 중심 건물인 태화전 동쪽에 태묘, 서쪽에 세묘를 두었는데, 이 건물들은 조선 시대 종묘와 같은 기능을 가진 공간이에요. 즉, 응우옌 왕조의 사당 건물이지요.

중국 : 취푸의 공자 유적

등재 연도 1994년

중국 산둥성 취푸시에 가면 '유삼공 지천하遊三孔 知天下'라는 글을 간혹 볼 수 있어요. 삼공三 孔에 가면 천하를 알게 된다는 뜻으로, '삼공'이란 공자에게 제사 지내는 사당인 공묘孔廟, 공 자 후손이 대대로 살았던 공부孔俯, 공자 가문 묘역 공림孔林 세 곳을 말해요.

공자는 중국 춘추 전국 시대에 유가 사상을 체계화했던 인물로, 그의 사상은 유교로 발전 하여 중국 역대 왕조의 정치 이념이 되었어요. 노나라의 애공은 공자가 죽은 이듬해, 취푸에 있었던 공자의 옛집을 사당으로 만들고 정기적으로 제사를 지내도록 했어요. 이후 청나라 시대에 이르기까지 중국의 역대 왕조들은 공자의 직계 자손들을 후하게 대우하며, 공자를 중심으로 유교 성현들을 모신 사당인 공묘의 대성전에서 매년 봄, 가을 큰 제사를 지냈어요.

취푸의 공자 유적은 문화 대혁명 당시 '옛것을 숙청하자.'는 움직임 속에 홍위병에게 파 괴되는 수모를 겪었어요. 하지만 이후 복원되어 현재는 유네스코 세계유산으로 등재되었 으며, 공자를 마음속 스승으로 삼는 수많은 이들이 찾는 관광 명소가 되었어요.

에스파냐: 엘 에스코리알 수도원 유적

등재 연도 1984년

엘 에스코리알은 에스파냐의 펠리페 2세1527년~1598년가 프랑스와의 전쟁에서 승리한 것을 기념하기 위해 1584년에 만든 건물이에요. 마드리드 외곽의 한적한 곳에 자리하고 있지요. 엘 에스코리알은 에스파냐 왕실의 궁전이자 성당이면서, 박물관이자 도서관 역할을 했어요. 또 이곳은 역대 에스파냐의 왕과 왕비들을 비롯한 왕족의 무덤이자 추모 공간이었어요. 엘 에스코리알 대성당에는 에스파냐를 다스렸던 왕과 왕비 스물여섯 명이 안장된 '왕들의 판테온'과 왕자와 공주들이 안장된 '왕자녀의 판테온'이 있어요. 조선 시대 왕들의 영혼을 모신 종묘의 정전 같은 공간이 에스파냐의 엘 에스코리알이라 할 수 있지요.

영국: 웨스트민스터 궁, 웨스트민스터 사원과 세인트 마거릿 교회

등재 연도 1987년(2008년 수정)

영국 런던은 역사적으로 대단히 매력 있는 도시예요. 런던의 상징이라고 할 수 있는 빅벤 시계탑부터, 국회 의사당으로 사용되고 있는 웨스트민스터 궁전, 천 년 가까이 왕실 대관식이 이루어지고 있는 웨스트민스터 사원까지 영국 역사의 흔적을 도시 곳곳에서 찾을 수 있어요. 런던에 있는 여러 역사 유적지 중에서 웨스트민스터 사원은 지금까지 영국을 이끌어 온 왕들이 묻힌 무덤 공간이자 추모 공간이에요. 따라서 이 사원은 조선 시대 종묘와 비슷한 기능을 가진 곳이죠. 한편 웨스트민스터 사원에는 역대 왕들 이외에도 정치와 예술, 과학 등 다양한 분야에서 영국을 빛낸 인물이 모셔져 있어요. 우리가 잘 알고 있는 뉴턴, 다윈과 같은 과학자도 이곳에 무덤이 있지요.

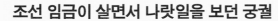

조선 임금이 살면서 나랏일을 보던 궁궐

창덕궁

종로구

서울특별시

조선의 수도 한양^{서울}에는 궁궐이 다섯 개나 있었어요. 경복궁, 창덕궁, 창경궁, 덕수궁, 경희궁이 그것들로 이들 궁궐을 '5대 궁궐'이라 불러요. 조선 시대 때 수도 한양에 궁궐이 많았던 이유는 화재나 전쟁으로 궁궐이 불타 없어지거나 왕실 식구가 늘어나면서 그 필요에 따라 새 궁궐을 지었기 때문이에요.

한양의 동쪽에 있어서 '동궐'이라고도 했던 창덕궁은 5대 궁궐 중 두 번째로 지어졌어요. 조선을 세운 태조 이성계는 개경에서 한양으로 수도를 옮기며 경복궁을 지었어요. 그 뒤 3대 임금 태종은 경복궁을 수리하거나 화재 발생과 같은 재해에 대비하고 임금이 옮기고 싶을 때 언제든 머물 수 있는 제2의 궁궐로 창덕궁을 지었지요.

창덕궁을 '제2의 궁궐'이라고 하니 별장처럼 사용했을 것 같지요? 하지만 그건 아니에요. 조선 후기 시대 임금들은 경복궁이 아닌 창덕궁에서 살았어요. 임진왜란 때 서울에 있던 궁궐들이 불타 버렸어요. 전쟁이 끝난 후에 조선 정부는 경복궁이 아닌 창덕궁을 복원하여 이곳을 임금이 사는 거처로 삼았어요. 경복궁은 오랜 기간 폐허로 방치되다가 흥선 대원군이 나랏일을 좌우하던 시절에 비로소 다시 지었어요.

유네스코가 창덕궁을 세계유산으로 등재한 것은 첫째, 창덕궁이 조선의 여러 궁궐 중 원형이 가장 잘 남아 있기 때문이에요. 둘째는 창덕궁이 동아시아 궁궐 건축의 특징을 잘 보여 주기 때문이에요. 셋째는 창덕궁 전체 면적의 60% 정도를 차지하는 궁궐 북쪽 정원인 후원이 자연환경과 적절히 어우러진 자연 친화적 정원으로 우리나라 전통 정원 양식을 잘 갖추고 있기 때문이에요.

	창덕궁
세계유산 등재 연도	1997년
만들어진 시기	조선 초기(1405년)
있는 곳	서울특별시 종로구 율곡로 99
관람 시간	계절, 요일에 따라 다름(매주 월요일 휴무)

45

다 같이 돌자! 창덕궁 한 바퀴

조선 전기 시대 중심 궁궐인 경복궁이 평지에 큰 건물들을 일직선으로 배치해 궁궐 위엄을 강조했다면, 창덕궁은 우리나라 건축의 일반적 특징인 산을 뒤에 두고 앞쪽에 물길을 배치하는 배산임수형 지형에 자리를 잡았어요. 건물이 정원과 어우러지게 배치되어 있고, 후원이 자연 친화적으로 가꿔져 있어 경복궁에 비해 우아한 아름다움을 지녔어요.

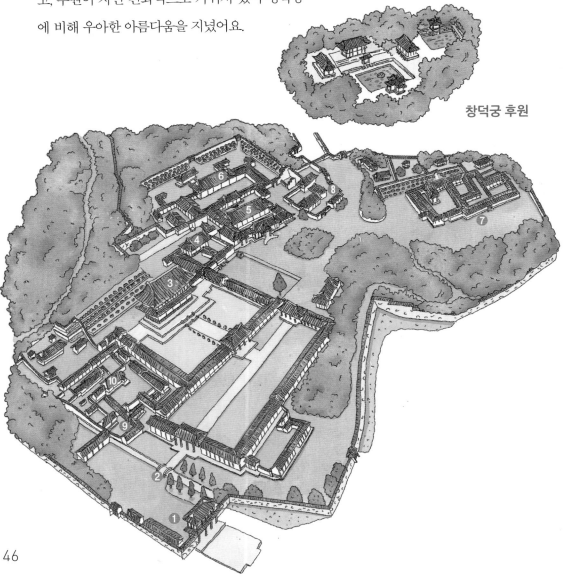

창덕궁 후원

❶ 돈화문

창덕궁의 정문이에요. 평상시에는 문이 닫혀 있다가 임금이나 외국 사신이 출입할 때만 문을 열어 출입문으로 사용했대요.

❷ 금천교

궁궐 내에 있는 하천인 금천 위에 세운 돌다리예요. 다리 아래를 흐르는 물은 궁궐 밖으로 빠져나가 청계천에 합류해요.

❸ 인정전

인정仁政은 '어진 정치'라는 뜻이에요. 창덕궁의 대표 건물로 왕의 즉위식, 외국 사절단과의 만남, 궁중 잔치 등 나라에 큰 행사가 있을 때 사용했어요.

❹ 선정전

왕이 고위 관리들과 나랏일을 보던 사무 공간이에요. 선정宣政의 뜻은 '백성에게 베푸는 정치'예요.

❺ 희정당

왕이 생활하던 거주 공간이에요. 간단한 업무는 왕이 선정전으로 가지 않고 이곳에서 처리했어요.

❻ 대조전

왕비가 일상생활을 하는 공간이에요. 창덕궁의 전각 중 유일하게 용마루가 없는 건물이에요. 용마루가 없는 이유는 왕과 왕비의 침실이자 대를 이을 왕세자를 잉태아이를 뱀하는 곳이었기 때문이에요. 동양에서 용은 임금을 상징하는 상상의 동물인데, 집 안에 용인 임금이 있고 대를 이을 용인 왕세자가 태어날 곳이니 굳이 지붕에 용마루를 둘 필요가 없었어요.

❼ 낙선재

조선 말기 임금 헌종이 서재 겸 사랑채로 사용했던 건물이에요. 조선이 망한 이후에는 황실 가족이 이곳에 거처했어요.

❽ 성정각

왕의 독서 공간이자 세자의 교육장으로 사용되었어요.

❾ 궐내각사

왕실 사무를 담당하는 관리들의 업무 공간이에요.

❿ 선원전

역대 왕들의 초상화를 모시고 제사를 지내는 사당이에요.

동궐도(부분)
19세기 전반에 그린 궁궐 그림이에요. 서울의 동쪽에 있다고 해서 '동궐'로 불린 창덕궁과 창경궁 일대를 아주 자세히 그려 놓았어요.

창덕궁 대조전

창덕궁에서 보물찾기

돈화문 안에 있는 회화나무

회화나무는 궁궐 안에 심는 대표적인 나무예요. 아주 옛날 중국에서는 궁궐 문 안쪽에 회화나무 세 그루를 심고 그 아래에서 고위 관료인 정승들이 나랏일을 협의했어요. 여기에서 유래되어 회화나무는 왕을 모시는 충성스러운 신하를 상징해요. 창덕궁 회화나무는 천연기념물로 지정되어 있어요.

금천교 홍예 밑의 해치와 거북

해치는 화재와 재앙을 막는 신령스러운 동물로 '해태'라고도 해요. 궁궐 내부로 들어가는 입구 다리인 금천교 밑을 해치와 거북이 꽉 지키고 있어요.

인정전 월대에 놓여 있는 청동 드무

'월대'는 건물 앞에 돌판을 넓게 깔아 광장처럼 조성해 놓은 사각 공간을 말해요. '드무'는 뚜껑이 없는 대형 가마솥이에요. 인정전 월대에는 대형 청동 드무가 설치되어 있어요. 불이 났을 때 사용할 물을 보관하던 소방 기구예요. 겨울에는 물이 얼지 않게 솥 밑에 불을 때기도 했대요.

선정전

창덕궁의 많은 건물 중 유일하게 청기와를 얹은 특별한 집이에요.

희정당 내부

밖에서 볼 때는 우리나라 전통 건물이지만, 내부는 이처럼 서양식으로 꾸며졌어요. 서구 문물을 받아들이던 대한 제국 시기에 집 내부를 새로 고쳤고 왕은 이곳에서 사무를 보면서 외국 사신들을 만났어요.

흥복헌

대조전 부속 건물이에요. '기쁘고 복이 들어오는 집'이라는 이름을 가지고 있지만, 정작 이 집은 우리 민족에게 큰 슬픔을 안긴 곳이에요. 1910년 일제가 우리 영토를 강제로 빼앗아 갈 때 이곳에서 마지막 국무 회의를 열어 일제의 억지 주장을 들어줘야 했어요.

삼삼와

팔각정 모양의 삼삼와가 복도 형태의 칠분서와 반대쪽에 있는 건물인 승화루를 연결해 주고 있어요.

불로문

임금의 무병장수를 기원하는 의미를 담은 문이에요. 현재 여닫는 문짝이 없지만 본래는 나무문이 달려 있었어요.

출동! 창덕궁 후원으로

조선 후기 왕으로 변신하여 창덕궁의 후원을 걸어 볼까요? 창덕궁 후원은 계곡과 구릉 지대를 있는 그대로 살리면서 자연환경과 어우러진 건물을 곳곳에 세웠어요. 이곳을 직접 걸어 보면, 우리 선조들이 얼마나 자연을 사랑하고 자연과 더불어 살아가고자 했는지를 여실히 알 수 있어요.

부용지

창덕궁 후원을 대표하는 사각형 연못이에요. 옛사람들은 하늘은 둥글고 땅은 네모나다고 생각했어요. 이러한 전통 지리 사상을 반영하여 연못은 땅을 상징한 사각형으로, 연못 안에 섬처럼 만들어 놓은 작은 동산은 하늘을 상징해 둥글게 조성했어요.

부용정
창덕궁 후원에 있는
십자 모양의 운치 있는 정자로
부용지의 남쪽에 있어요.

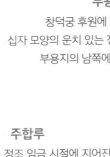

주합루
정조 임금 시절에 지어진 왕실 도서관이에요. 왕과 신하가 함께 모여 나랏일을 토론하고, 때에 따라서 잔치를 벌였던 곳이에요. 1층은 도서관인 규장각으로 사용했고, 2층은 책을 보는 독서당으로 사용했어요.

연경당

일반 양반집처럼 지어진 궁궐 건물이에요. 대문의 이름 '장락문'은 달에 있다는 신선의 궁궐 장락궁에서 따왔어요.

애련지

창덕궁 후원에 있는
또 하나의 연못이에요.
애련은 '연꽃을 사랑한다'는 의미예요.
연꽃을 좋아했던 숙종이 이름을
지었다고 해요.

존덕정

천장에 황룡과 청룡이 그려진 정자예요.
용은 왕을 상징하는 상상의 동물이지요.

옥류천

옥빛의 맑은 물이 흐르는 계곡이에요.
임금과 신하들이 이곳에서 휴식을 취하며
풍류를 즐겼어요.

프랑스: 베르사유 궁전과 정원

등재 연도 1979년(2007년 수정)

베르사유 궁전은 프랑스 부르봉 왕조의 국왕 루이 14세부터 루이 16세까지 150여 년간 프랑스 왕들이 거주했던 궁궐이에요. 베르사유 궁전이 있는 곳은 본래 프랑스 수도 파리 근교의 시골 마을이었어요. 이런 외진 곳에 루이 14세가 17세기 후반에 초대형 궁전과 정원을 만들어 프랑스 정치, 문화의 중심지로 삼았어요.

베르사유 궁전이 지어진 이후 유럽 각 나라 왕실에서는 이 궁전을 유럽에서 가장 이상적인 궁전으로 생각하여 여러 나라 왕실이 베르사유 궁전과 정원을 모방한 궁전 건물을 지었어요. 한편 베르사유 궁전은 프랑스 근현대사에서 의미 있는 장소이기도 해요. 프로이센·프랑스 전쟁에서 승리한 프로이센의 빌헬름 1세는 이곳에서 독일 제국의 출범을 선포해서 프랑스 사람들의 코를 납작하게 했어요. 1919년에는 제1차 세계 대전을 끝내는 베르사유 조약이 이 궁궐의 연회장인 거울의 방에서 체결되었어요.

파키스탄: 라호르 성과 샬리마르 정원

등재 연도 1981년(2000년 위험에 처한 세계유산 목록 등재)

라호르 성과 샬리마르 정원은 현재 인도와 파키스탄에 있던 나라인 무굴 제국1526년~1857년의 황제들이 거처하던 궁궐 유적이에요. 궁궐 건물 벽은 무굴 제국의 힘이 강했을 때 외국에서 수입해 온 돌과 타일로 치장했는데, 푸른색 타일은 아프가니스탄에서 가져온 수입품이에요. 샬리마르 정원은 조선 궁궐인 창덕궁의 후원처럼 라호르 성 내에 있는 정원으로 궁궐 정원답게 조경이 잘 되어 있어요.

　세계유산으로 등재된 라호르 성과 샬리마르 정원은 안타깝게도 2000년에 위험에 처한 세계유산 목록에 올려졌어요. 왜냐고요? 1999년 도로를 넓히는 공사를 하던 중 샬리마르 정원 벽이 무너져 내려 세계유산으로서의 가치가 훼손되어 버렸어요. 하루빨리 예전 상태로 복원이 필요한 세계유산이 라호르 성과 샬리마르 정원이에요.

에스파냐: 그라나다-알람브라, 헤네랄리페, 알바이신

등재 연도 1984년(1994년 확장)

헤네랄리페
정원

알람브라, 헤네랄리페, 알바이신은 이베리아반도에서 살았던 마지막 이슬람 왕조인 나스르 왕조의 궁궐 유적이에요. 나스르 왕조의 본래 수도는 코르도바였는데, 1236년 기독교 세력에 밀려나 수도를 그라나다로 옮겨 알람브라 언덕에 튼튼한 요새와 화려한 궁전을 짓고 무려 250여 년을 버텼어요. 당시 이 왕조의 왕족이 살았던 궁궐이 알람브라 궁궐이고, 알람브라 동쪽에 만든 정원이 헤네랄리페 정원이에요. 그라나다가 내려다보이는 언덕 위에 자리 잡은 알바이신은 무어인 _{이베리아반도에 살았던 이슬람계 사람}의 집단 거주지였어요. 유네스코는 그라나다가 기독교 세력이 이슬람 왕조인 나스르 왕조를 북아프리카로 쫓아내고 개발한 도시임에도 알람브라와 헤네랄리페, 알바이신이 에스파냐-무어 양식 도시의 특징을 고스란히 유지해 오고 있다는 점을 높이 사서 세계유산으로 등재했어요.

이란: 골레스탄 궁전

등재 연도 2013년

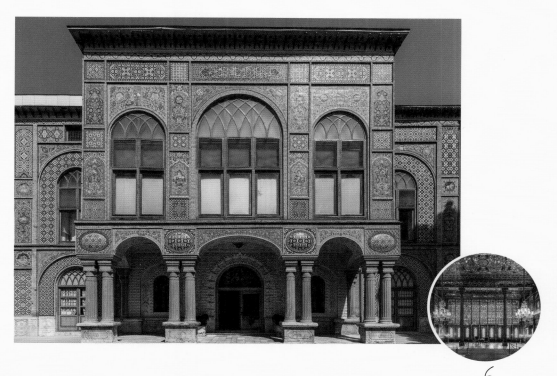

골레스탄 궁전
내부 모습

골레스탄 궁전은 18세기 이란 지역의 테헤란을 수도로 삼았던 카자르 왕조의 궁전이에요.
이 궁전은 카자르 왕조 왕들의 통치 장소였을 뿐만 아니라 휴양과 주거 장소였어요. 현재
골레스탄 궁전에 남아 있는 유물 대부분은 카자르 왕조의 네 번째 왕이었던 나시르 알 딘
샤1848년~1896년 시대의 것이에요. 이 왕은 19세기 중반 왕위에 올라 서구식 근대화에 힘썼
던 군주예요. 골레스탄 궁전은 당시 시대 상황을 반영하듯 이란 전통 양식인 페르시아 공예
와 건축 양식에 유럽풍 디자인이 혼합되어 있어요. 자민족 고유 양식과 서구 양식의 혼합은
19세기 말에서 20세기 초반 이란의 예술과 건축에 나타나는 주요 특징이라고 해요.

정조의 꿈과 기상이 서린

수원 화성

경기도

수원시

우리나라는 '성곽의 나라'라고 해도 될 만큼 예로부터 성을 많이 쌓았어요. 고구려가 중국의 수나라나 당나라와 싸워 승리했던 요동성이나 안시성을 비롯하여 조선 후기 청나라의 침입을 수개월 동안 막아 냈던 남한산성과 같이 나라에 큰 혼란이 있을 때마다 성곽은 나라를 지키는 방패막이가 되어 주었어요.

　우리나라 각 지역에 있는 여러 성 가운데 수원 화성은 '성곽의 꽃'이라 불릴 정도로 잘 만들어진 성이에요. 중국 만리장성을 비롯한 세계 어느 성곽에 견주어도 남부럽지 않을 정도로 정교하게 만들어졌어요.

융릉은 정조의 아버지인 사도 세자의 무덤이에요. 정조가 이 무덤을 만들기 위해 새로 건축한 도시가 수원 화성이에요.

	화성
세계유산 등재 연도	1997년
만들어진 시기	조선 후기(1796년)
있는 곳	경기도 수원시 장안동, 신풍동, 매향동, 팔달로 일대
관람 시간	연중 무휴(야간 관람 가능) 화성 행궁은 하절기 09:00~18:00, 동절기 09:00~17:00

다 같이 돌자! 화성 한 바퀴

수원 화성은 조선 후기 개혁 군주인 정조의 명에 의해 만들어진 계획도시이자, 정조 임금의 아버지에 대한 애절한 사랑이 깃들어 있는 성곽이에요. 정조의 아버지인 사도 세자는 정조가 어렸을 때 영조 임금의 명령으로 뒤주 속에 갇혀 세상을 떠난 비운의 왕자였어요. 따라서 정조는 아버지의 사랑을 받지 못한 채 성장했어요. 정조는 하늘에 계신 아버지에게 효도를 다하고 싶었어요. 아버지의 무덤을 조선에서 제일 좋다고 소문이 난 땅으로 옮기려 했어요. 이때 선택된 땅이 현재 사도 세자의 무덤이 있는 '융릉'이에요.

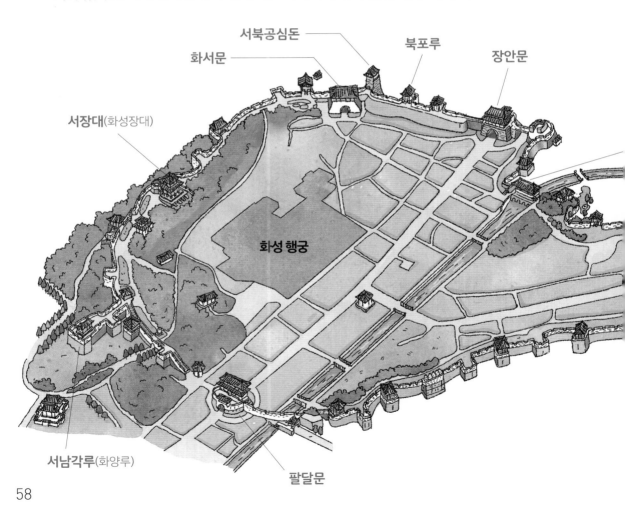

서북공심돈

화서문

북포루

장안문

서장대(화성장대)

화성 행궁

서남각루(화양루)

팔달문

그런데 문제가 있었어요. 사도 세자의 새 무덤이 들어설 자리는 수원부가 있는 곳이어서 많은 사람이 살고 있었어요. 정조는 고민했어요. 아마 마음보가 나쁜 임금이었다면 사람들을 강제로 내쫓고 무덤을 만들었을 거예요. 그러나 정조는 백성을 지극히 사랑한 군주였어요. 그는 수원부 사람들 모두 함께 이주할 장소를 마련한 뒤에 집 지을 돈과 이사 비용을 두둑하게 주어 새 도시로 이주시켰어요. 이때 만들어진 도시가 현재 수원 시내로, 새로 만든 수원부 전체를 둘러쌓은 성이 세계유산으로 지정된 '수원 화성'이에요.

화성의 총 둘레는 약 5.7Km이고, 성벽 높이는 평균 5m 정도야.

와, 화성 쌓는 데 들어간 벽돌 수가 무려 69만 5천 장이었대!

아이고, 다리 아파! 화성은 굉장히 길구나.

북수문(화흥문)

동장대(연무대)

동북공심돈

동북노대

창룡문

《화성성역의궤》
〈도설〉 편에 실려 있는 수원 화성의 전체 모습. 《화성성역의궤》는 화성 축성의 거의 모든 것을 기록해 놓은 화성 공사 보고서예요.

59

화성에서 보물찾기

장안문 옹성의
물구멍

장안문

화성에는 큰 문이 네 개가 있어요. 장안문북문, 팔달문남문, 창룡문동문, 화서문서문이 바로 그것이
지요. 이 중에서 북문인 장안문이 화성의 정문이에요. 이 문은 우리나라에서 가장 큰 성문으로
서울의 남대문숭례문보다 더 커요. 성문 밖은 반원형으로 둥글게 성벽을 다시 쌓아 성문을 보호
하는데 이를 '옹성'이라 해요. 옹성의 '옹甕'자는 항아리를 뜻해요. 항아리 반쪽을 붙여 놓은 것
같다고 해서 이런 이름이 붙여졌지요. 외적이 쳐들어왔을 때 적이 쉽게 성안으로 들어오는 것을
막으려고 만들었어요. 옹성 위에는 물구멍이 다섯 개가 나 있
어요. 적군이 성문에 불을 지르면 이리로 물을 흘려보내서 불
을 껐어요.

적대

'대'는 주로 높은 위치에서 적을 감시하기 위해 설치한 방어용
시설이에요. '적대'는 성문 좌우에 설치해 적이 성문을 공격
할 때, 최대한 효과적으로 물리치기 위해 만들었어요. 화성에
는 장안문과 팔달문 좌우에 적대를 설치했어요. 적대 정면에
는 세 줄로 길게 홈을 파 놨는데, 이를 '현안'이라고 해요. 뜨거
운 물이나 펄펄 끓는 기름을 성벽 밖으로 흘려보내 적이 성벽
에 접근하는 것을 막았어요.

암문

화성에는 성 밖에서 잘 보이지 않는 후미진 곳에 작은 문 네 개가 있는데, 이를 '암문'이라 해요. 적의 눈에 띄지 않게 비밀리에 출입하기 위해 만든 문이에요.

서장대

화성에서 가장 높은 팔달산 정상에 있는 군사 지휘소로 성 안팎을 두루 살피며 군사 훈련을 지휘할 수 있었어요. 정조가 이곳에서 직접 훈련을 지휘한 적도 있어요. '화성 장대'라고도 해요.

서노대

연속해서 발사할 수 있는 '쇠뇌'라는 대형 활을 쏘는 곳이에요.

해리의 궁금증

수원성의 정문은 왜 남문이 아니고 북문이에요?

대부분의 성은 남문을 정문으로 해요. 그러나 수원성은 북문인 장안문이 정문이에요. 여기에는 이유가 있어요. 정조 임금이 아버지 무덤을 살피기 위해 서울에서 출발해 올 때 가장 먼저 성안으로 들어오는 문이 북문이었어요. 또 이 문을 통해 서울로 돌아갔기에 북쪽의 장안문을 정문으로 삼았어요.

화홍문

냇물이 성안으로 들어오는 곳에 무지개형 수문 일곱 개를 만들고, 그 위에 다리를 놓고 누각을 세웠어요. 물이 흐르는 무지개 문에는 쇠창살을 설치해 사람이 출입하지 못하도록 했어요. 화성 안에 수문은 두 개가 있어요.

방화수류정

화성의 네 군데 각루 중 하나예요. 각루는 성 밖 움직임을 잘 볼 수 있는 요충지에 세워진 시설이에요. 화성 동북쪽에 자리 잡은 방화수류정은 아래에 있는 용연과 함께 절경을 이루어 경관이 빼어나요. 벽면의 십자가 무늬는 조선 시대 건축 문양의 아름다움을 보여 주고 있지요.

동장대

군사들이 훈련했던 훈련장이에요.

포루

성벽 위에서 적을 대포로 공격할 수 있게 만든 집을 '포루'라고 해요. 화성에는 포루가 다섯 군데 있어요.

봉돈

긴급 사항이 생겼을 때 연기나 불을 피워 임금이 사는 서울로 신호를 보낸 곳이에요. 낮에는 연기로, 밤에는 불길로 신호를 보냈어요. 불 피우는 굴뚝 다섯 개를 모두 벽돌로 쌓았는데, 이는 우리나라에서 처음 시도된 것이에요.

공심돈

'돈'은 대와 비슷한 시설인데, 성 밖을 멀리 감시할 수 있는 위치에 세우고 대포와 같은 공격용 시설을 두거나 감시 초소를 두었어요. '속이 빈 돈대'란 의미에서 공심돈이라 했어요. 돈대 중간중간에 뚫린 구멍은 총을 쏘기 위한 총구멍이에요. 화성에는 세 곳에 돈대가 있었는데, 지금은 서북 공심돈과 동북 공심돈 두 개만 남아 있어요. 동북 공심돈은 내부가 3층으로 둥근 벽을 따라 나선형 계단이 설치되어 있어서 '소라각'이라는 별명을 가지고 있어요.

다 같이 돌자! 화성 행궁 한 바퀴

'행궁'은 왕이 전란을 피해 잠시 머물거나 휴양 삼아 지방 나들이를 할 때 머물던 임시 궁궐을 말해요. 조선 왕실의 행궁은 전국 여러 곳에 있었는데, 화성 행궁은 정조가 수원을 오갈 때 머무르기 위해 지어진 별궁이에요.

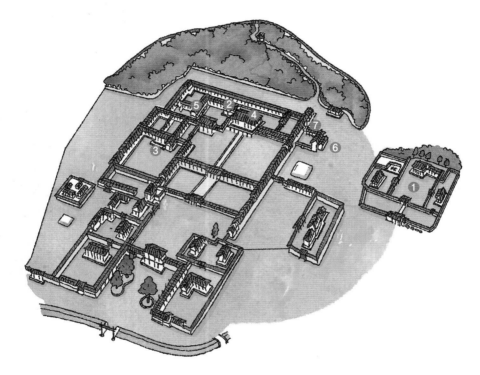

❶ 화령전
정조의 영정을 모신 곳이에요.

❷ 장락당
잠을 자는 침실로, 혜경궁 홍씨가 회갑연을 치르기 위해 수원에 왔을 때 이곳에서 잠을 잤어요.

❸ 유여택

정조가 행궁에 오면 사무실로 사용했어요. 평상시에는 화성 유수가 썼어요.

❹ 봉수당

화성 행궁의 중심 건물로, 정조는 어머니 혜경궁 홍씨의 회갑연을 이곳에서 열었어요.

❺ 복내당

행궁의 안집으로 정조가 잠을 자고 쉬었던 곳이에요.

❻ 낙남헌

정조의 어머니 혜경궁 홍씨 회갑연 때 이곳에서 잔치를 베풀었어요. 무과 시험도 이곳에서 치렀대요.

❼ 노래당

정조가 왕위에서 물러나 수원에서의 노후 생활을 꿈꾸며 지은 건물이에요.

화성능행도에서 보물찾기

정조는 조선시대 어느 임금보다 궁궐 밖 나들이가 많았어요. 임금 자리에 24년간 있으면서 66회를 나들이했는데, 그중 가장 많이 간 곳이 아버지 묘소가 있는 수원이었어요. 정조는 아버지 무덤을 수원 화산으로 옮겨놓은 뒤로 총 13회 화성을 찾았어요. 특히 1795년 정조 19년의 방문은 매우 특별한 나들이였어요. 이 해가 을묘년이므로 '을묘원행'이라고 하는 이 나들이는 어머니 혜경궁 홍씨의 회갑 축하연을 아버지의 무덤이 있는 수원 화성에서 하면서 동시에 아버지를 참배하기 위해서였어요. 하지만 다른 한편으로 생각해 보면, 정조는 본인이 설계하고 힘써 만든 화성에서 자신의 위엄을 과시함과 동시에 신하들과 백성들의 충성을 한데 모아 정치 개혁에 더 힘을 쏟기 위해 어머니 회갑연을 화성에서 성대하게 개최했다고도 할 수 있어요.

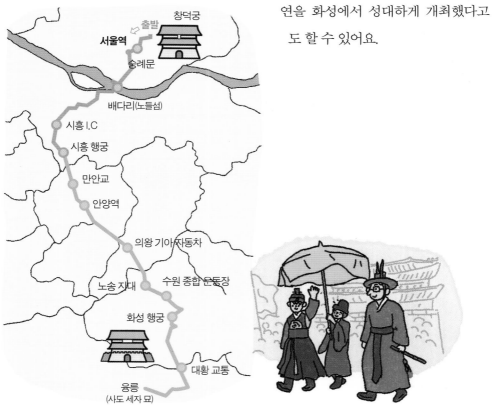

을묘원행길 재현

창덕궁
출발
서울역
숭례문
배다리(노들섬)
시흥 I.C
시흥 행궁
만안교
안양역
의왕 기아 자동차
노송 지대
수원 종합 운동장
화성 행궁
대황 교통
융릉
(사도 세자 묘)

을묘원행 당시 정조의 화성 나들이는 8일간이었는데, 그 모습이 매우 화려하고 웅장했어요. 다음은 그때 모습을 화가들이 사실적으로 그린 〈화성능행도〉예요.

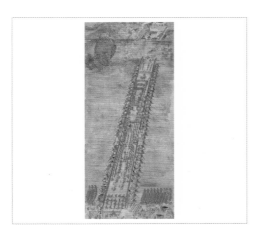

노량진 배다리를 건너는 그림(노량주교도섭도)
서울의 궁궐에서 출발한 정조가 한강에 설치된 배다리 위를 건너는 장면이에요. 배다리가 설치된 곳은 현재 한강 대교와 한강 철교의 중간 지점이라고 해요.

서장대 훈련 지휘 그림(서장대성조도)
정조가 화성의 서장대에서 군사 훈련을 지휘하는 장면이 담겨 있어요.

봉수당 회갑연 그림(봉수당진찬도)
정조의 어머니 혜경궁 홍씨의 회갑 축하연 장면이에요. 잔치가 끝나자 정조는 어머니의 장수를 기원하는 시를 지어 어머니께 선사했다고 해요. 이것만 보아도 정조의 효심이 얼마나 깊었는지를 알 수 있지요.

임금이 서울로 돌아가는 그림(환어행렬도)
화성 행궁을 출발한 정조 일행이 시흥 행궁(왼쪽 아래 기와집)에 도착한 모습을 담았어요. 정조는 이곳에서 혜경궁 홍씨의 식사를 직접 챙기며 하루를 묵었어요.

화성 공사 현장에서 보물찾기

화성을 만든 사람들

정조(계획자)

화성 축조를 계획하고 실행에 옮김

정약용(설계자)

정조의 명을 받아 화성의 설계도인
〈성설(城說)〉을 지음

채제공(축성 책임자)

화성 축성에 관한 행정과 일을 총괄함

화성을 만들 때 사용한 장비들

거중기

녹로

유형거

돌달구

지게

화성성역의궤

조선 시대에는 나라에 큰 행사가 있으면 행사 진행 과정을 글과 그림으로 자세히 기록해 다음에 참고하도록 책으로 만들었어요. 이 책을 '의궤'라 하는데, 《화성성역의궤》는 조선의 의궤 제작 전통에 따라 화성 공사의 전 과정을 기록해 놓았어요. 1801년순조 1년에 발간했지요. 10권으로 간행된 이

책에는 공사 일정, 공사 책임자들의 인적 사항, 그림을 곁들인 각 건물에 대한 설명과 공사에 사용한 기구, 각종 공문서와 왕의 명령, 공사를 하며 치른 의식, 사용 예산 등이 꼼꼼히 기록되어 있어요.

채석장

화성을 쌓을 때 돌을 채취했던 장소인 채석장이 화성 안에 남아 있어요.

수원 화성 공사 실명제 표기석

성벽에 공사를 담당한 관리와 돌을 쌓은 책임자 이름이 새겨져 있어요. 날림 공사를 방지하기 위해 공사 실명제를 실시했음을 알 수 있어요.

화성 성벽의 총탄 흔적

수원 화성 성벽에서는 한국 전쟁 당시 총탄 흔적을 지금도 찾을 수 있어요.

크로아티아-이탈리아-몬테네그로:
16~17세기 베네치아 방어 시설: 스타토 다 테라-서부 스타토 다 마르

등재 연도 2017년

'16~17세기 베네치아 방어 시설: 스타토 다 테라-서부 스타토 다 마르'는 이탈리아 롬바르디아주에서 동쪽의 아드리아해 연안까지 약 1,000km에 걸쳐서 지역 곳곳에 분포해 있는 세계유산이에요. 16~17세기 베네치아 공화국이 자국 보호를 위해 건립한 방어 시설로, '스타토 다 테라'는 북서쪽의 유럽 세력으로부터 공화국 본토를 보호하기 위해, '스타토 다 마르'는 해안 항로와 항구를 보호하기 위해 건설했어요.

베네치아 공화국이 구축한 이 혁신적인 방어 네트워크는 점차 유럽 전역으로 확산되어 19세기 유럽 각국 방어 시설의 표준이 되었어요. 한편 '16~17세기 베네치아 방어 시설: 스타토 다 테라-서부 스타토 다 마르'는 이탈리아, 크로아티아, 몬테네그로 3개국이 공동으로 관리하는 초국경유산이에요. 하나의 세계유산 분포지가 여러 나라라면, 그 유산의 관리는 어느 나라가 책임져야 할까요? 초국경유산의 관리는 등재된 국가 모두가 공동으로 관리하고 보전해 나가야 해요.

핀란드: 수오멘린나 요새

등재 연도 1991년

중세 유럽의 전쟁 역사를 바꾼 것 중 하나가 화약 무기였다고 하죠? 화약이 도입된 이후 전쟁에 총기, 대포가 활용됨에 따라 군사 전략이나 요새 설계에 많은 변화가 일어났다고 해요. 이러한 변화 중 하나는 모서리에 보루가 있는 다각형 모양의 요새, 혹은 '알라 모더나alla moderna, 현대적 스타일'라 불리는 신형 성곽의 개발이었어요.

핀란드의 수오멘린나 요새는 이러한 다각형 요새의 전형으로 손꼽혀요. 핀란드를 지배하고 있던 스웨덴은 18세기 중반에 러시아의 팽창 정책에 맞서기 위해 헬싱키 항구 입구에 있는 섬 여섯 개를 연결하여 요새를 건설하였고, '비아포리'라는 이름으로 불렀어요. 그런데 이 요새는 1918년 핀란드가 독립하면서 '핀란드의 요새'라는 뜻을 가진 '수오멘린나'라는 이름으로 변경되었어요.

크로아티아:
스플리트의 디오클레티아누스 궁전과 역사 건축물

등재 연도 1979년

계획도시 수원 화성처럼 유럽에서도 통치자의 의도에 의해 계획도시가 건립된 적이 있어요. 크로아티아의 세계유산 '스플리트의 디오클레티아누스 궁전과 역사 건축물'이 대표적인 계획도시 세계유산이에요. 오늘날 크로아티아 스플리트 시가지의 약 절반을 차지하고 있는 이 유산은 옛 스플리트 도시 지역이 로마 제국에 의해 어떻게 계획되고 건설되었는지를 잘 보여 주고 있어요.

3세기 말, 은퇴를 준비하던 로마 황제 디오클레티아누스는 고향인 스플리트 근처에 군사 기능을 갖춘 궁전 요새를 건설하도록 명령했어요. 그리고 은퇴 후 실제로 이곳에 와서 거주했는데, 본인이 사는 궁전과 군인들의 주둔지로 사용했어요. 디오클레티아누스 황제가 죽은 이후에 이 궁전 요새는 추방된 황제의 가족이나 난민들에게 피난처로 제공되었어요. 한때는 주민들이 들어가 가게를 열며 주택처럼 사용하기도 했어요.

영국: 귀네드의 에드워드 1세 시대 성곽군

등재 연도 1986년

13세기 후반~14세기 초반 영국 군사 건축의 모범으로 손꼽히는 귀네드의 에드워드 1세 시대 성곽군은 에드워드 1세재위1272년~1307년의 군사 정책과 정착 정책을 잘 보여 주는 세계유산이에요. 영국 왕 에드워드 1세는 북웨일즈를 점령한 후에 이 지역을 장기 지배하기 위해 강고한 성을 쌓기로 마음먹고 1283년부터 성 축조를 시작했어요. 당시 건설된 요새는 보매리스성, 카나번성, 콘위성, 할렉성 등으로 이 성들이 '귀네드의 에드워드 1세 시대 성곽군'이란 이름으로 유네스코 세계유산에 등재되었어요.

이 성곽군이 세계유산으로 등재된 이유는 성의 건축과 관련된 문서들이 남아 있어서예요. 수원 화성 축조 내역이 《화성성역의궤》에 남아 있었던 것처럼 말이죠. 성곽군 건축 문서에는 인부들의 출신지, 채석한 돌을 성 축조에 어떻게 사용했는지에 대한 설명, 축성 과정, 자금 조달 내용이 자세히 기록되어 있어요.

신라 천 년의 역사와 문화를 간직한
경주 역사유적지구

경주 시내 전경

경상북도

경주

경주는 기원전 57년부터 서기 935년까지 신라 천 년의 역사와 문화를 고스란히 간직한, 예스러운 멋이 솔솔 풍기는 아름다운 도시예요. 지금은 인구가 24만 정도에 불과하지만, 신라 전성기 때는 100만여 명이 살았던 거대 도시였어요. 비잔틴 제국 수도였던 콘스탄티노폴리스나 당나라의 수도 장안성에 견주어도 손색이 없을 만큼 번성했었지요.

신라 시대 경주는 도시 전체가 바둑판 모양으로 정리된 왕복 4차로의 폭을 가진 넓은 도로가 사방으로 시원스럽게 뚫린 계획도시였어요. 도로는 사람이 다니는 길과 마차가 다니는 길로 구분되어 있었고, 도시 내에는 기와집이 빼곡하게 들어서 있었어요. 한편 경주는 국제도시이기도 했어요. 중국, 일본은 물론 서아시아 사람들도 와서 진귀한 물건을 사고팔았지요.

경주는 신라 시대에 크게 번성했고 현재도 신라 천 년의 역사와 문화를 잘 간직하고 있기에 유네스코는 경주를 '역사유적지구'로 세계문화유산에 등재했어요. 경주역사유적지구는 남산지구, 월성지구, 대릉원지구, 황룡사지구, 산성지구로 나뉘어요. 도시 전체에 걸쳐 수많은 유적이 분포하다 보니 이렇게 구획을 나눠 세계유산에 등재했지요.

	경주 역사유적지구
세계유산 등재 연도	2000년
만들어진 시기	신라 시대
있는 곳	경상북도 경주시 전역
관람 시간	장소에 따라 다름

다 같이 돌자! 경주 남산 한 바퀴

경주 남산은 산 전체가 '야외 박물관'이에요. 신라는 불교가 융성했던 나라로 신라 사람들은 남산을 부처님의 나라로 만들려고 했기에 골짜기마다 절을 짓고 탑과 불상을 세웠어요. 현재도 경주 남산에는 불상과 탑, 석등과 같은 불교 문화유산이 골짜기 곳곳에 자리하고 있어요. 한편 남산 기슭에는 신라의 건국 설화가 살아 숨 쉬는 나정과, 신라 귀족들이 풍류를 즐겼던 포석정도 있어요.

❶ 경주 나정

❷ 경주 포석정지

❸ 경주 배동 석조여래삼존입상

76

❹ 경주 남산 삼릉계 석조여래좌상

❺ 경주 남산동 삼층 쌍탑

❻ 경주 서출지

다 같이 돌자! 월성 한 바퀴

월성지구는 월성과 그 주위에 있는 문화유산으로 이루어졌어요. 반달 모양으로 생겼기에 '반월성'이라고도 했던 월성은 신라의 왕궁이 있던 곳으로 신라 왕들이 어떤 곳에서 살았는지를 알 수 있어요. 월성 아래에는 통일 신라 때 만든 동궁과 월지가 있으며, 경주 김씨의 시조인 김알지가 태어난 계림, 별자리를 관측했던 첨성대도 있어요. 신라의 역사와 문화를 한눈에 살필 수 있는 국립 경주 박물관도 월성지구에 있어요.

❶ 첨성대

❷ 계림

❸ 석빙고

❹ 동궁과 월지

❺ 국립 경주 박물관

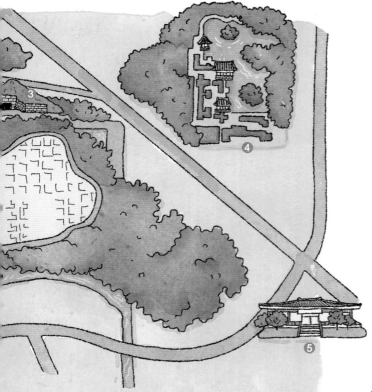

경주 박물관은 현대에 만들어진 건축물로 세계유산은 아니야.

다 같이 돌자! 대릉원 한 바퀴

경주 시내를 걷다 보면 시내 곳곳에서 구릉처럼 생긴 산을 만나요. 신라의 왕과 왕비, 귀족들이 묻혀 있는 큰 무덤들이지요. 세계유산으로 지정된 대릉원은 경주 시내에 자리 잡은 무덤군 중 하나로 신라가 강력한 왕권을 확립해 나가는 5~6세기에 만들어진 무덤들이에요. 이 무덤들에서는 금관을 비롯한 금은 장식품, 유리잔, 토기 등이 출토되어 화려했던 신라인들의 생활 모습을 전해 주고 있어요. 대릉원지구에 있는 천마총은 천마도가 출토된 무덤으로 신라 고분 중 유일하게 내부를 공개하고 있어요. 무덤 안에 들어가면 신라 시대 지배층의 무덤 속을 자세히 살필 수 있어요.

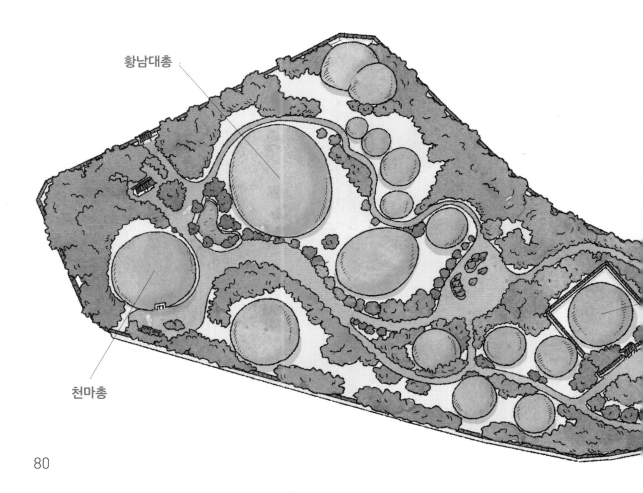

황남대총

천마총

천마총 내부

천마총 관모

대릉원 천마총

천마총 금관

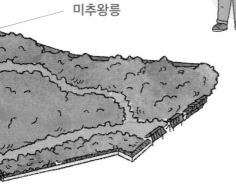
미추왕릉

천마총
발굴 당시 모습

천마총 장니 천마도

다 같이 돌자! 황룡사 한 바퀴

황룡사는 신라 최대의 사찰이었어요. 2만 5천여 평이나 되는 넓은 터에 대궐 같은 기와 집들이 있었고, 성덕 대왕 신종에밀레종보다 네 배나 더 큰 대종이 있었으며, 아파트로 따지면 20층 높이에 해당하는 9층 목탑이 절 안에 우뚝 솟아 있었어요. 그러나 황룡사는 고려 시대 몽골의 침입 당시 불타 버려서 지금은 건물 기단과 목탑 터만 볼 수 있어요.

황룡사 목탑이 있던 터

복원 예상 조감도

분황사는 황룡사 북쪽에 있는 절로 신라의 유명한 승려 원효 대사가 머물렀던 곳이에요. 이 절 마당에는 돌을 벽돌처럼 잘라 만든 분황사 석탑이 세워져 있어요.

경주 분황사 당간 지주

석정

경주 분황사 모전석탑 사자상

경주 분황사 모전석탑

경주 분황사 모전석탑 동면 감실 인왕상

귀면와

이란: 페르세폴리스

등재 연도 1979년

페르세폴리스는 기원전 518년 아케메네스 페르시아 제국의 수도로 만들어졌어요. 페르세폴리스는 그리스어로 '페르시아의 도시'라는 뜻이에요. 페르시아 제국은 서아시아지역을 통일하고 서쪽으로는 이집트와 지중해 동부, 동쪽으로는 인더스강 유역에 이르는 광대한 영토를 지배한 나라였어요. 전성기 시대인 기원전 6세기에 제국을 다스린 다리우스 1세는 자신의 위업을 자랑하기 위해 웅장한 페르세폴리스 궁전을 건설했어요. 사람 머리를 한 날개 달린 거대한 황소 두 쌍이 서 있는 만국의 문을 지나면 왕이 사신들을 접견하던 알현실인 아파다나가 있는데, 이곳 계단에는 세계 각국에서 온 사신들이 비단, 향료, 염소 등을 바치는 모습이 새겨져 있어요. 당시 페르시아의 위세를 잘 알려 주는 역사 현장이지요.

기원전 333년 알렉산드로스 대왕이 페르시아를 정복하면서 페르세폴리스는 멸망했어요. 《플루타르크 영웅전》에 따르면, 알렉산드로스는 2만 마리의 노새와 5천 마리의 낙타로 페르세폴리스의 보물을 실어 갔다고 해요. 이것만으로도 페르세폴리스가 얼마나 번성했던 도시였는지를 짐작할 수 있지요.

멕시코: 멕시코시티와 소치밀코 역사지구

등재 연도 1987년

'태양의 도시'라고 불리는 멕시코시티는 해발 2,240m 높이에 자리하고 있어요. 멕시코인들은 고대부터 열대 기후를 피해 선선한 곳을 찾아 높은 곳에 도시를 만들었어요. 오늘날 멕시코 수도인 멕시코시티는 과거에 아즈텍 문명이 있던 곳이에요. 아즈텍은 잉카, 마야와 더불어 아메리카 대륙에 세워졌던 고대 문명이에요.

아즈텍 사람들은 현재 멕시코의 수도인 멕시코시티에 있던 커다란 텍스코코 호수 속 섬에 수도 테노치티틀란을 세웠어요. 이 도시에는 전성기 시절 20만 이상의 사람이 살았어요. 그러나 테노치티틀란은 1521년 에스파냐에서 온 코르테스 일당에 의해 정복당해 폐허가 되고 말았어요. 정복자들은 호수를 흙으로 메우고 멕시코시티를 유럽풍으로 새롭게 조성했어요.

'멕시코의 베네치아'라 불리는 소치밀코는 멕시코시티 남쪽 근교에 있는 수상 마을이에요. 에스파냐 정복자들은 자기들이 거주할 새 도시로 멕시코시티를 세우면서 기존 아즈텍 문물을 대부분 파괴했어요. 그런데 멕시코시티 중심부에서 28km밖에 떨어져 있지 않은 소치밀코의 아즈텍 문물은 거의 그대로 남겨 두었어요. 따라서 소치밀코에는 아즈텍 사람들의 생활상을 알 수 있는 유적이 현재도 많이 남아 있어요.

이집트: 역사 도시 카이로

등재 연도 1979년

아랍어로 '승리자'를 뜻하는 카이로는 현재 이집트 수도이자, 아주 오래전부터 아프리카 최대 도시로 번성했던 전통의 도시에요. 나일강을 따라 남북으로 길게 형성된 이 도시는 피라미드, 스핑크스, 초기 기독교 수도원과 교회, 요새, 이슬람 사원 등 다양한 유물과 유적이 도시 곳곳에 분포되어 있어요.

역사 도시 카이로에 남아 있는 오래된 건축물 가운데 주목할 것은 이슬람 사원인 모스크들이에요. 879년에 지어진 이븐 툴룬 모스크는 카이로에서 규모가 가장 큰 모스크로, 아름다운 외관을 가지고 있어요. 한편 모스크는 종교 의식을 치르는 장소 외에도 이슬람 신학 연구에 필요한 교육을 담당하기도 했어요. 파티마 왕조 때인 10세기 후반에 세워진 알아즈하르 모스크는 종교 의례와 함께 학생 교육을 담당해서 세계에서 가장 오래된 대학교 중 하나로 알려져 있어요.

튀르키예: 이스탄불 역사지구

등재 연도 1985년

아시아와 유럽 사이를 흐르는 보스포루스 해협에 이스탄불이 있어요. 튀르키예 수도는 앙카라이지만 튀르키예에서 역사와 전통, 문화의 도시로 널리 알려진 곳은 이스탄불이에요. 이스탄불은 로마가 지배하던 시절에는 비잔티움이라 했어요. 이 도시를 콘스탄티누스 황제가 로마 제국의 수도로 삼으면서 자기 이름을 붙여 '콘스탄티노폴리스'라 했어요. 그러나 기독교 도시였던 콘스탄티노폴리스는 이슬람 세력인 오스만 제국에 의해 1453년 5월에 점령되었고 이후 '이스탄불'이 되었지요.

고대부터 유럽에서 아시아로 넘어오는 관문이자 동서 교역로의 요충지에 자리 잡은 도시인 이스탄불에는 다양한 역사 유적이 남아 있어요. 여러 유명 유적지 중 가장 잘 알려진 곳은 '성 소피아 성당'이에요. 6세기 로마 제국 시기에 건축된 기독교 사원이지만, 현재는 이슬람 사원인 모스크로 사용되고 있어요. 건물 내부에 성모 마리아와 예수의 모습을 새긴 모자이크 그림과 함께 이슬람 경전인 코란 문구도 부착되어 있어요. 종교가 바뀐 건물의 역사를 엿볼 수 있지요.

청동기 시대를 대표하는 무덤

고창·화순·강화 고인돌 유적

강화 부근리 점골 고인돌

고창 죽림리 고인돌

화순 효산리와 대신리 고인돌

강화군

고창군

화순군

고인돌은 청동기 시대 지배자 무덤으로 세계 각지에서 만들어졌지만, 동북아시아에서 더 많이 만들었어요. 특히 우리나라는 '고인돌 왕국'이라 할 정도로 많은 고인돌이 전국 곳곳에 만들어져서 현재 발견된 것만 4만여 기로 이는 세계 고인돌의 40% 정도예요. 세계유산으로 등재된 고창·화순·강화 고인돌 유적지는 보존 상태가 좋고 형태가 다른 고인돌들이 한군데 모여 있어 고인돌의 형성과 발전 과정을 살피는 데 매우 적절해요.

고창 고인돌 유적은 전북특별자치도 고창군 죽림리와 도산리 일대에 있어요. 산의 경사면을 따라 동에서 서로 약 1.5km 반경에 447기의 고인돌이 있어요.

화순 고인돌 군락은 전라남도 화순군 도곡면 효산리와 춘양면 대신리를 잇는 계곡에 있어요. 이곳에서는 무려 615여 기의 고인돌을 볼 수 있으며, 고인돌을 떼어 낸 흔적이 남아 있는 채석장도 살필 수 있어요. 세계 최대 고인돌이라 할 수 있는 무게 280여 톤에 달하는 초대형 고인돌도 이곳에 있어요.

강화 고인돌 군락은 인천광역시 강화군에 있는 고려산 기슭에 있어요. 150여 기의 고인돌이 이곳에 분포되어 있지요. 강화 고인돌 중 부근리에 있는 탁자형 고인돌은 우리나라 고인돌 중에서 가장 멋지게 생긴 고인돌로 유명해요.

	고창 고인돌 유적	화순 고인돌 유적	강화 고인돌 유적
세계유산 등재 연도	2000년		
만들어진 시기	청동기시대		
있는 곳	전북특별자치도 고창군 죽림리와 도산리 일대	전라남도 화순군 효산리와 대신리 일대	인천광역시 강화군 부근리 일대
관람 시간	연중 언제든 방문 가능		

다 같이 돌자! 화순 고인돌

화순 고인돌 군락은 영산강 지류인 지석강 주변에 형성된 넓은 평야 지대에서 살았던 청동기 시대 사람들이 기원전 5~6세기경에 만든 공동묘지예요. 화순군 도곡면 효산리와 춘양면 대신리를 잇는 보검재 일대 5Km에 걸쳐 615여 기의 많은 고인돌이 분포하고 있음에도 그 발견은 매우 늦어서 1996년에야 세상에 알려졌어요. 화순 고인돌이 있는 지역은 농촌 산간 지역으로, 개발이 덜 되어서 고인돌이 처음 만들어질 당시 그대로 오랫동안 보존될 수 있었어요. 또 고인돌을 채취한 채석장들이 고인돌 군락지 곳곳에 있어서 어디에서 가져온 돌로 고인돌을 세웠는지 알 수 있게 해요.

한편 화순 고인돌 군락지에는 100톤 이상의 큰 고인돌이 수십 기가 있는데, 가장 큰 고인돌의 경우 그 무게가 280여 톤이나 되어 방문객의 입을 떡 벌어지게 해요. 여기에 기반식, 탁자식, 받침돌이 없는 무지석식 등 다양한 형태의 고인돌이 함께 어우러져 있어 한 장소에서 다양한 유형의 고인돌을 살펴볼 수 있는 고인돌 야외 박물관이기도 해요.

괴바위 고인돌

관청바위 고인돌

달바위 고인돌

감태바위 고인돌

핑매바위 고인돌

핑매바위 고인돌

화순 고인돌 군락지에서 가장 큰 고인돌로 무게가 280여 톤에 달해요. 지역 주민들은 이 고인돌을 '핑매바위'라 불러요. 이 바위의 앞쪽 산을 넘어가면 천불천탑으로 유명한 운주사가 있어요. 전설에 의하면 천불천탑을 만들 당시에 마고 할미가 탑 쌓을 돌을 치마폭에 담아 운주사로 급히 가고 있었는데 새벽녘에 운주사 천불천탑 쌓기가 중단되었다는 소식이 들려왔어요. 실망한 마고 할미는 치마폭에 있던 바위를 발로 뻥 차 버렸어요. 그 바위가 현재 핑매바위래요.

감태바위 고인돌

청동기 시대에 고인돌 덮개돌을 어디서 어떤 돌로 만들었는지 알 수 있게 하는 유적지에요. 지역 사람들은 옛날 사람들이 썼던 모자인 '감태'처럼 생겼다고 해서 '감태바위'라고 불렀어요.

마당바위 채석장

화순 고인돌 군락지 마당바위가 있는 산 정상 부근에 고인돌 만들 돌을 떼어 낸 흔적이 남아 있는 채석장이 있어요.

출동! 고인돌 왕국으로

1. 돌 구하기

고인돌 축조에 필요한 돌을 떼어 내요. 이때
암벽에 구멍을 내고 쐐기를 박아 지렛대를
이용해 분리해요.

2. 돌 운반하기

밑에 통나무레일을 깔아 수많은 사람이 큰
돌을 끌어 옮겼어요.

3. 무덤방 만들기

주검을 안치하는 무덤방을 만들고 그 안에
간돌검이나 붉은간토기를 넣었어요.

4. 받침돌 세우기

무덤방 양쪽으로 받침돌굄돌을 세워요. '굄돌
이 있는 무덤'이라 하여 고인돌이라고 불러요.

5. 받침돌 주변을 흙으로 덮기

무게가 수십 톤 나가는 덮개돌을 올리기 위해 받침돌 주변에 흙을 경사지게 덮어요.

6. 덮개돌 옮기기

통나무 레일길에 얹은 덮개돌을 수많은 사람이 흙 위로 끌어올려요.

7. 받침돌 주변 흙 파내어서 완성하기

덮개돌을 잘 얹은 뒤 받침돌 주변 흙을 파내서 제거하면 고인돌이 완성돼요.

해리의 궁금증 -------------------------------

탁자형 고인돌과 기반식 고인돌은 어떻게 다른가요?

탁자형은 기다란 굄돌 위에 돌판을 얹어 놓은 무덤이에요. 굄돌이 롱다리이기 때문에 우리가 밥을 먹는 식탁처럼 생겼어요. 기반식은 머리통만 한 작은 돌을 굄돌로 해서 돌판을 얹어 놓았어요. 따라서 모양새가 바둑판(기반)처럼 보여요. 탁자형은 한반도 북쪽 지역에 많고, 기반식은 남쪽 지역에 많이 분포되어 있어요.

탁자형 고인돌(위)과 기반식 고인돌(아래)

감비아, 세네갈: 세네감비아 환상 열석군

등재 연도 2006년

CENTRAL BANK OF THE GAMBIA

50 FIFTY DALASIS

감비아 지폐

감비아의 지폐에는 흥미롭게도 원형으로 세워진 돌기둥이 그려져 있어요. 이 돌기둥을 '세네감비아 환상 열석군'이라 해요. 환상은 '원형 고리처럼 둥글게 생긴 형상'을 뜻하고, 열석은 '줄지어 서 있는 돌기둥'을 말해요. 따라서 세네감비아 환상 열석군은 '세네감비아에 있는 원형 고리처럼 둥근 모양으로 줄지어 서 있는 돌기둥들'이라 할 수 있어요.

세네감비아 환상 열석군은 아프리카 대륙 서쪽에 있는 감비아와 세네갈 국경 경계 지대에 있어요. 천 개가 넘는 돌기둥이 감비아강을 따라 길게 세워져 있는데, 학자들은 환상열석군이 기원전 3세기에서 16세기까지 2천여 년에 걸쳐 만들어진 것으로 추정하고 있어요. 최근에 발굴 작업을 한 미국 지리학 협회 조사단은 이곳의 열석이 '거대한 매장지를 표시한 것이다.'라고 주장했어요. 한편 이곳을 탐사한 고고학자 일부는 환상 열석에 장소와 시대에 따라 각기 다른 시신이 묻혀 있다는 흥미로운 주장을 내놓고 있기도 해요.

영국: 스톤헨지와 에이브베리 거석 유적

등재 연도 1986년(2008년 수정)

영국 윌트셔 주에 있는 스톤헨지와 에이브베리는 세계에서 가장 유명한 거석 유적지 중 하나예요. 만들어진 연대는 대략 기원전 3,000년 전까지 거슬러 올라가요. 스톤헨지와 에이브베리는 고대인들이 거대한 바위를 인공적으로 깎아 정밀한 수학적 계산에 따라 계획적으로 배치한 것이라 해요. 정말 대단하죠? 학자들은 분명한 의도를 가지고 세운 구조물로 추정하나, 제작 방법이나 만든 목적은 완전히 밝혀 내지 못하고 있어요. 종교 의식을 행하거나 천체를 관측하기 위해 세운 것으로 추정할 뿐이에요.

'공중에 걸쳐 있는 돌'이라는 의미의 스톤헨지는 바깥쪽으로 커다란 돌기둥들이 원 모양을 이루고 있고, 안쪽에는 말발굽 형태의 돌기둥들이 서 있는 이중 형태예요. 바깥 원의 북동 방향에는 '힐스톤 Heelstone'이라는 돌이 서 있는데, 낮이 가장 긴 하지에 이 방향으로 태양이 떠올라요. 스톤헨지를 만든 사람들이 상당한 천문학적 지식을 갖추고 있었던 것은 분명한 것 같아요.

스톤헨지가 있는 곳에서 북쪽으로 약 30㎞ 떨어진 곳에는 에이브베리가 있어요. 유럽에서 가장 큰 환상 열석으로, 규모로만 따지자면 스톤헨지보다 네 배 정도 크고, 시기적으로도 스톤헨지보다 먼저 만들어졌어요.

라오스: 시엥쿠앙의 항아리 거석 유적-항아리 평원

등재 연도 2019년

동남아시아 국가 라오스의 중부 고원 지대에 자리 잡은 시엥쿠앙에는 철기 시대에 제작된 것으로 알려진 2천여 개가 넘는 거대한 돌 항아리들이 있어요. 이 유적은 1935년 프랑스 고고학자에 의해 세상에 알려졌어요.

이 돌항아리의 정체는 과연 무엇일까요? 마을에 내려오는 전설에 따르면, 거인들이 쌀로 빚은 술을 담는 데 사용한 것이라고 해요. 하지만 여러 차례 발굴을 통해 돌항아리 주변에서 사람 뼈를 비롯한 묘비석, 무덤에 넣은 부장품들을 발견했어요. 이로 보아 돌항아리는 고대인의 무덤임을 알 수 있어요.

한편 항아리를 덮었던 원형 돌판에는 동물 문양, 동심원과 같은 기하학적 문양이 새겨져 있어요. 학자들은 돌판에 새겨진 동심원을 통해서 돌항아리를 만든 집단이 태양을 숭배한 것으로 추정해요.

칠레: 라파누이 국립공원

등재 연도 1995년

칠레 해안에서 3,800㎞ 떨어진 태평양의 섬, 라파누이에는 거대한 석상군이 해안 곳곳에 서 있어요. '라파누이'란 원주민 언어로 '큰 섬'이라는 뜻이에요. 대륙에서 멀리 떨어진 태평양 한가운데 섬에 어떻게 해서 사람이 살기 시작했냐고요? 서기 300년 무렵, 남태평양 섬들에서 살던 폴리네시아인들이 이 섬에 정착하여 문명을 일군 것으로 추정해요.

이 섬이 세계적으로 유명한 이유는 섬 안에 있는 900여 개의 거대한 석상 모아이 때문이에요. 석상은 키 높이 2~20m, 무게는 20~90t 사이로 해안가 언덕 위에 대부분의 석상이 바다를 등진 채 섬의 중앙을 향해 서 있어요. 인간의 상반신 모습인 석상은 좁은 이마와 높고 큰 코, 기다란 귀를 가진 얼굴 부분이 강조되어 있어요. 망망대해 태평양 한가운데 있는 조그만 섬에 거대한 석상들을 만든 이유는 정확히 규명되지 않았어요. 다만 섬의 수호신으로 조상의 얼굴을 새긴 것으로 추정하는 견해가 다수설로 인정되고 있어요.

조선 시대 왕과 왕비의 영원한 안식처

조선 왕릉

조선 왕족의 무덤은 무덤 주인의 신분에 따라 그 이름이 '능陵'과 '원園'으로 나뉘어요. '능'은 왕과 왕비의 무덤을 말하고, '원'은 왕위를 이어받을 왕자인 왕세자나 세자빈, 또는 왕의 아버지 무덤을 말해요. "왕의 아버지가 왜?" 하고 의문이 있을 수 있지만, 왕의 아버지가 모두 임금은 아니었어요. 왕위를 이을 아들이 없는 경우 왕족 중에서 선택해 왕위를 잇기도 했고, 기존의 왕을 몰아내고 새 왕으로 즉위하는 경우도 간혹 있었어요. 이런 경우 왕의 아버지를 존중하여 무덤에 '원'을 붙여 주었어요.

국가 사적으로 지정된 조선 왕릉은 42기가 '능'이고, 13기가 '원'이에요. 이 무덤들은 대부분 서울과 경기도 일대에 있어요. 태조 이성계의 첫째 부인 신의 왕후의 무덤인 '제릉'과, 2대 임금 정종과 부인 정안 왕후의 무덤인 '후릉'은 북한 땅인 개성에 있어서 우리가 찾아가기 어려워요. 유네스코는 조선 왕조 518년, 27대에 걸친 왕과 왕비의 능 42기 가운데 북한 땅에 있는 2기를 제외한 40기를 한데 묶어 세계유산으로 등재했어요.

	조선 왕릉
세계유산 등재 연도	2009년
만들어진 시기	조선 시대
있는 곳	서울과 경기도 일원
관람 시간	능에 따라 개방 시간이 다름

다 같이 돌자! 조선 왕릉 한 바퀴

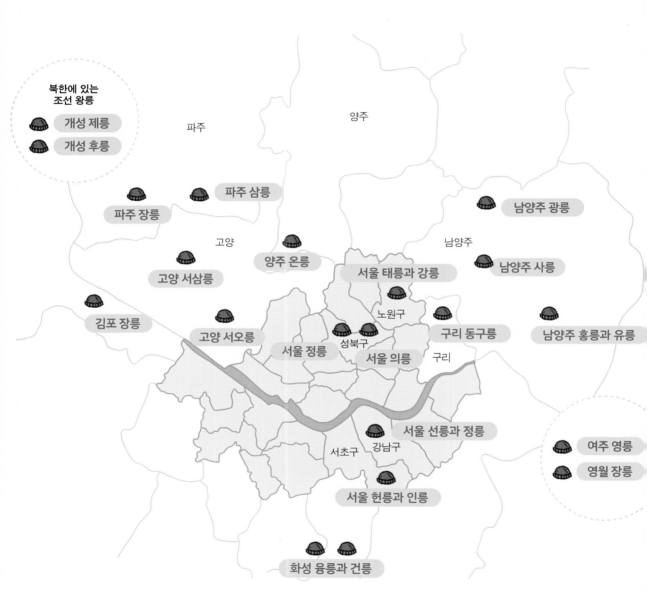

북한에 있는
조선 왕릉

개성 제릉

개성 후릉

파주

양주

파주 삼릉

남양주 광릉

파주 장릉

고양

양주 온릉

남양주

남양주 사릉

고양 서삼릉

서울 태릉과 강릉

김포 장릉

노원구

고양 서오릉

성북구

구리 동구릉

남양주 홍릉과 유릉

서울 정릉

서울 의릉

구리

여주 영릉

서울 선릉과 정릉

영월 장릉

서초구

강남구

서울 헌릉과 인릉

화성 융릉과 건릉

조선 왕릉은 서울과 경기도 일원에 분포되어 있어요. 조선 왕의 무덤들이 서울에서 가까운 곳에 있는 이유는 왕릉을 선정하는 기본 원칙이 정해져 있었기 때문이에요. 조선의 기본 법전인《경국대전》에 왕의 무덤은 한양 성곽을 기준으로 10리 밖, 100리 안쪽에 만들어야 한다고 규정되어 있어요. 10리는 약 4km에요. 따라서 서울 성곽을 기준으로 4km 밖, 40km 안에 무덤을 만들어야 했기에 거의 모든 왕릉이 서울과 경기도 지역에 자리 잡을 수밖에 없었어요.

다만 조선 시대 모든 왕릉이 이 규정을 지키고 있는 것은 아니에요. 세종 대왕의 능인 영릉, 사도 세자와 정조 대왕의 능인 융릉·건릉은 40km 밖에 무덤이 있어요. 풍수지리적으로 좋은 땅을 찾아 무덤을 쓰다 보니 규정을 어긴 것이죠. 또 조선 제6대 임금 단종의 무덤인 장릉은 강원도 영월에 있어요. 어린 나이에 임금이 된 단종은 작은아버지인 수양대군^{세조}의 쿠데타로 왕위에서 쫓겨나 영월에서 귀양을 살던 도중 그곳에서 살해당했어요. 이 때문에 서울에서 한참 떨어진 영월 땅에 무덤이 있어요.

티지의 궁금증

여러 곳에 있는 조선 왕릉을 연속유산으로 등재한 특별한 이유가 있나요?

조선 왕릉은 우리 민족 고유의 전통적 자연관과 엄격한 유교 예법에 따라 국가에서 만들고 관리해 왔어요. 따라서 그 원형이 현재에도 잘 보존되고 있어요. 뿐만 아니라 제사 의식 또한 예전과 다름없이 이어지고 있어서 조선 왕릉의 문화적 독창성이 세계유산으로 등재되기에 손색이 없다고 판단하여 유네스코는 왕릉 전부를 한꺼번에 세계유산에 올렸어요.

영릉 경기도 여주군 세종대왕면

한글을 만든 임금으로 잘 알려진 세종 대왕1397년~1450년과 그의 부인 소헌 왕후를 모신 무덤이에요. 세종은 32년 동안 왕위에 있으면서 훈민정음 창제, 집현전 설치, 북방 영토 개척, 측우기 제작 등 여러 큰 업적을 남겼어요. 소헌 왕후는 슬하에 8남 2녀를 두어 조선의 왕비들 중에서 자녀를 가장 많이 낳았어요.

광릉 경기도 남양주시 진접읍

조선 제7대 임금 세조1417년~1468년와 부인 정희 왕후를 모신 무덤이에요. 세조는 세종의 둘째 아들로 조카인 단종을 왕의 자리에서 몰아내고 왕위에 올라 도덕적으로 큰 비난을 받았어요. 그러나 제도와 문물 정비를 통한 왕권 강화를 이루어서 흔들리던 왕권을 바로잡은 임금이기도 해요. 정희 왕후는 세조가 죽고 뒤를 이어 왕위에 오른 자신의 둘째 아들 예종이 재위 14개월 만에 죽자, 손자인 자산군성종을 왕위에 앉히고 13세의 성종을 대신하여 7년 동안 나랏일을 대신했던 여장부였어요.

선릉 서울특별시 강남구 삼성동

조선의 제9대 임금 성종[1457년~1494년]과 그의 부인 정현 왕후의 무덤이에요. 성종은 조선의 기본 법전인 《경국대전》을 완성하는 등 조선의 문물과 제도를 완성시킨 임금으로 유명해요. 정현 왕후는 성종의 뒤를 이어 임금이 된 연산군이 나라와 민심을 뒤숭숭하게 만들며 나쁜 짓을 일삼자, 그를 쫓아내고 임금이 된 중종의 어머니이기도 해요. 선릉 바로 옆에는 제11대 임금 중종[1488년~1544년]의 무덤 '정릉'이 있어요.

융릉·건릉 경기도 화성시 안녕동

융릉은 영조의 아들인 사도 세자[1735년~1762년]와 그의 부인 헌경 왕후[혜경궁 홍씨]가 함께 묻혀 있는 무덤이에요. 사도세자의 아들 정조가 아버지를 장조莊祖로 높여 능이 되었지요. 건릉은 제 22대 임금 정조[1752년~1800년]와 효의 왕후의 무덤이에요.

동구릉 경기도 구리시 인창동

서울 동쪽 지역에 아홉 개의 왕릉이 함께 있어서 '동구릉'이라 해요. 1408년에 태조가 죽자 이곳에 무덤을 쓴 이후, 조선의 왕 아홉 명과 여러 왕비의 무덤이 함께 있어요.

서오릉 경기도 고양시 덕양구

서울 성곽의 서쪽에 다섯 왕릉이 함께 있어서 '서오릉'이라 해요.

왕릉에서 보물찾기

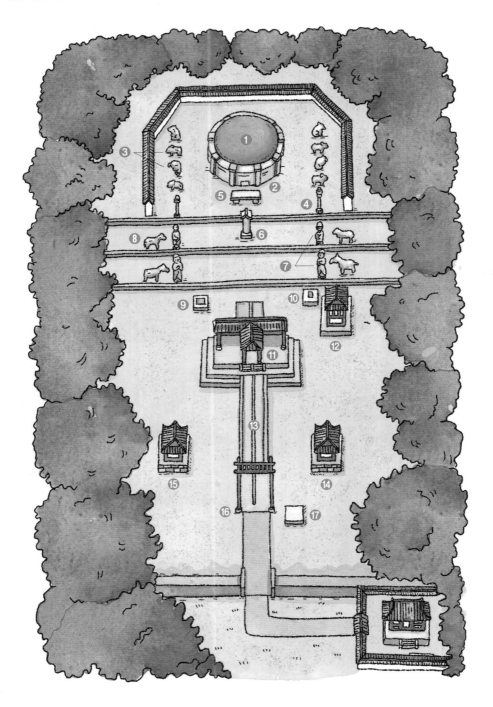

❶ 능침

능의 주인공이 묻힌 곳이에요. '능상' 이라고도 해요.

❷ 병풍석

능 주위를 병풍처럼 빙 둘러 무덤을 보호하고 있어요. 12방위를 나타내는 십이지 신상이 해당 방위에 맞게 새겨져 있어 잡귀들이 무덤 안에 들어올 수 없게 하고 있지요. '둘레돌', '호석' 이라고도 해요.

❸ 석양·석호

돌로 만든 양과 호랑이예요. 온순함을 상징하는 양과 사나움을 나타내는 호랑이를 무덤 양쪽에 두 기씩 번갈아 설치해 음양의 조화를 이룸과 동시에 악귀들의 접근을 막아요.

❹ 망주석

무덤 앞쪽 좌우에 세워진 기둥이에요. 영혼이 무덤을 찾는 표지로 세웠다고 하기도 하고, 음양의 조화나 풍수적 기능 때문에 세웠다고도 해요.

❺ 혼유석

일반인의 무덤에서는 제물 올려놓는 곳을 '상석'이라고 해요. 하지만 왕릉은 정자각에서 제사를 지내기에 이곳은 '혼령이 앉아 쉬는 곳'이란 의미에서 '혼유석'이라 해요 유遊가 '놀다'라는 뜻을 지니고 있어요.

❻ 장명등

왕릉의 영원함을 기원하는 등이에요.

❼ 문인석·무인석

왕의 무덤이니 당연히 신하들이 있어야겠지요. 문인은 문신 관리를 상징하는 표식인 '홀'을 손에 쥐고 있고, 무인은 긴 칼을 지팡이처럼 손에 잡고 있어요.

❽ 석마

문인석이나 무인석 뒤나 옆에는 말이 서 있어요. 중국 왕릉에는 없는 조선 왕릉 고유의 형식이지요.

❾ 예감

제사를 지낸 뒤 축문을 태우는 돌함으로, '망료위'라고도 해요. 제사를 지내는 정자각 위쪽 왼편에 주로 설치해요.

❿ 산신석

시신을 모신 후에 3년 동안 토지를 관장하는 신인 후토신에게 제사를 지내는 장소예요. 주로 정자각 오른쪽 위, 예감과 마주 보는 곳에 설치해요.

⓫ 정자각

제사를 지내는 곳이에요. 'ㅜ'자 모양의 집이어서 정자각이라 해요. 제사를 지내는 사람이 이곳에 오르내릴 때는 '동입서출東入西出'의 원칙을 지켜야 해요. 즉, 동쪽 계단으로 오르고 서쪽 계단으로 내려와야 해요.

⓬ 비각

무덤 주인공의 업적을 기록한 비석이 서 있어요.

⓭ 참도

홍살문에서 정자각까지 이어진 돌길로 왼쪽은 높게, 오른쪽은 낮게 만들어져 있어요. 높은 쪽은 혼이 다니는 길로 '신도神道'라 하고, 낮은 곳은 현재 임금이 제사를 지내러 올 때 다니는 길로 '어도御道'라 해요.

⓮ 수복방

능을 관리하는 사람이 머무르는 곳이에요.

⓯ 수라간

제사 음식을 만들고 제기에 나누어 담는 부엌이에요.

⓰ 홍살문

신성 구역을 표시하는 문으로, 붉은 칠을 한 둥근 기둥 두 개를 세우고 기둥 위쪽에 수평으로 나무 두 개를 대어 화살을 촘촘하게 박아 놓았어요.

⓱ 배위

주로 홍살문 옆에 있어요. 왕이나 제관이 무덤을 참배하러 오면 이곳에서 먼저 무덤을 향해 절을 올리며 '참배하러 왔음'을 무덤 주인에게 알려요.

인도: 후마윤 묘지

등재 연도 1993년

'델리의 후마윤 묘지'는 인도에서 최초로 만들어진 정원식 무덤이에요. 세계적으로 잘 알려진 타지마할이 후마윤 묘지의 영향을 받아 만들어졌을 만큼 인도 건축사에서 빼놓을 수 없는 건축물이에요.

이 묘지는 인도 무굴 제국의 제2대 황제인 후마윤이 사망한 뒤 그의 부인 베굼의 지시로 만들기 시작하여 14년여의 공사 끝에 1570년 완성했어요. 이후 묘지에는 무굴 제국 왕족 150여 명의 유해가 묻혔어요. 그래서 '무굴 제국의 공동묘지'라는 별명을 가지고 있어요.

유네스코는 좌우 대칭으로 균형감 있게 지어진 후마윤 묘지와 정원이 처음 지어질 당시의 상태를 잘 유지하고 있어 그 역사적 가치를 인정하여 세계유산으로 등재했어요.

중국: 명과 청 시대의 황릉

'명과 청 시대의 황릉'은 14세기부터 20세기까지 중국을 지배했던 명과 청나라 황제 무덤 군이에요. 우리나라 조선 왕릉처럼 여러 지역에 흩어져 있는 무덤을 일괄하여 연속유산으로 등재했어요.

세계유산으로 등재된 명나라 무덤은 명의 초대 황제 홍무제의 무덤인 효릉과 이후 왕 자리를 계승한 열세 명의 황제가 잠들어 있는 명 13릉이 있어요. 청나라 무덤으로는 후금^{청나라 전신 국가}을 건국한 누르하치의 무덤인 복릉부터 광서제의 무덤인 숭릉까지 여러 명의 황제 무덤이 있어요.

말리: 아스키아 무덤

등재 연도 2004년

아스키아 무덤은 아프리카 송가이 제국의 초대 황제 아스키아 무함마드^{1442년~1538년}의 묘지
예요. 그는 서쪽으로 대서양, 북쪽으로 니제르까지 영토를 확장한 정복 군주로, 금과 소금
무역을 통해 송가이 제국을 전성기로 이끌었어요.

아스키아 무함마드 황제는 이슬람교의 성지인 메카 순례 길에 본 이집트 피라미드에 감
동하여 자기 무덤을 피라미드식으로 만들었어요. 하지만 이 무덤은 송가이 제국의 힘이 떨
어지며 이슬람 사원의 일부로 사용되다가 19세기 중반 무렵에는 무덤 주변에 집들이 하나
둘 들어서서 마을이 형성되어 버렸어요.

지금은 마을이 되어 버렸지만 아스키아 무덤은 송가이 제국의 옛 영광이 남아 있을 뿐
아니라 서아프리카 사바나 지역의 독특한 진흙 건축 양식을 보여 주고 있기 때문에 유네스
코는 이 무덤을 세계유산으로 등재했어요.

덴마크 : 엘링의 고분, 비석과 성당

등재 연도 1994년

10세기경에 만들어진 덴마크 왕 무덤으로 추정되는 이 유적지는 북유럽 사람들이 원시 신앙에서 벗어나 크리스트교를 믿기 시작했다는 것을 알려 주는 중요한 증거예요. 또 고대 북유럽 문자인 룬 문자가 새겨진 비석이 있어서 북유럽 고대 문화를 이해하는 데 큰 도움을 주고 있어요.

    비석에는 "하랄 블루투스가 이 비석을 세웠고, 이는 아버지 고름 1세와 어머니 티라를 기리기 위한 것으로, 하랄은 혼자 힘으로 덴마크와 노르웨이를 통일하고, 덴마크인들을 크리스트교도로 만들었다."라고 쓰여 있어요.

    하랄 블루투스는 우리가 알고 있는 근거리 무선 통신 기술 규격 블루투스의 기원이 된 인물이에요. 덴마크와 노르웨이를 통일한 하랄 블루투스처럼 무선 통신 기술을 하나로 통일하자는 뜻에서 근거리 무선통신 기술 규격을 '블루투스'라고 이름 지었어요.

조선 시대 선비들의 삶과 문화가 엿보이는 역사 마을

하회와 양동

양동 마을

안동

경상북도

경주

경상북도 안동시를 흐르는 낙동강 자락에는 하회 마을이 물 위에 뜬 연꽃처럼 오롯하게 자리 잡고 있어요. 1,300리를 남쪽으로 흘러가는 낙동강이 이 마을 앞에서 둥글게 빙 돌며 흐르기에 마을 이름을 '물 하河', '돌아올 회回'를 써서 '하회'라 했어요.

  하회 마을은 기와집과 초가집이 적절히 어우러져 있는 대한민국 전통 마을이에요. 길들이 마을의 중심부에 있는 삼신당을 중심으로 방사형으로 뻗어 있으며, 담장은 모두 흙담이에요. 풍산 류씨가 대대로 모여 사는 마을로, 임진왜란 때 영의정을 지내며 나라 구하기에 앞장선 서애 류성룡 선생이 이 마을 출신이에요. 또 국가무형문화재인 '하회 별신굿 탈놀이'를 전승하고 있는 마을이기도 해요.

  경상북도 경주시에 있는 양동 마을은 150여 채의 한옥과 초가집이 산등성이에 자리하고 있는 전통 마을이에요. 월성 손씨와 여강 이씨 가문이 500여 년 동안 오순도순 함께 살아오고 있지요. 이 마을 출신 회재 이언적은 16세기 전반을 대표하는 유학자로, 퇴계 이황으로 학맥이 이어지는 영남 성리학을 형성한 학자로 유명해요.

	하회 마을	양동 마을
세계유산 등재 연도	2010년	2010년
있는 곳	경상북도 안동시 풍천면 하회리	경상북도 경주시 강동면 양동리
관람 시간	연중 무휴	

다 같이 돌자! 하회 한 바퀴

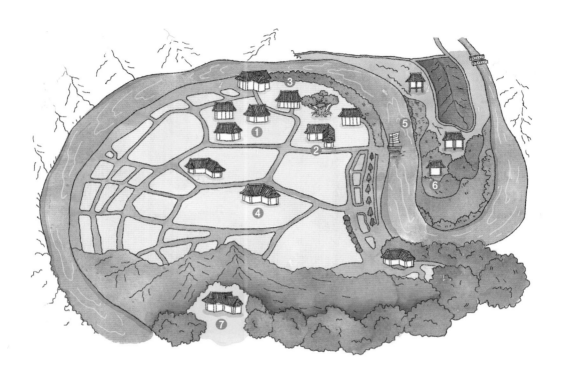

❶ 충효당

하회가 배출한 대표적 인물인 서애 류성룡의 종가예요. 서애의 손자 대에 지어진 건물인데, 집 이름인 '충효당'은 류성룡이 평소에 "나라에 충성하고 부모에 효도하라."는 말을 자주 했던 데서 유래했다고 해요. 집은 국가유산인 보물로 지정되었으며, 서애 선생의 유물 등을 보관, 전시하는 영모각이 집 안에 함께 있어요.

❷ 북촌댁

하회에서 규모가 가장 큰 조선 시대 양반 가옥이에요.

❸ 양진당

풍산 류씨가 하회 마을에 처음 들어와 자리 잡은 터로, 서애 류성룡의 형인 겸암 류운룡의 종가예요. 하회 마을을 대표하는 집이죠. '양진당'이라는 집 이름은 풍산 류씨 족보를 최초로 완성한 류영의 호에서 따왔어요. 국가유산인 보물로 지정되어 있지요.

❹ 하동 고택

19세기 전반에 지어진 기와집으로, 마을 동쪽에 자리하고 있어서 '하동 고택'이라 했대요.

❺ 부용대

하회 마을 서쪽에 있는 깎아지른 절벽이에요. 부용대 위에 서면 마을을 멋지게 휘감아 돌며 흐르는 낙동강을 감상할 수 있어요. 매년 음력 7월 16일에는 이곳에서 강 건너 모래 사장까지 줄을 매달아 놓고 나룻배 위에서 불놀이를 즐기는 '선유줄불놀이'가 행해졌다고 해요.

❻ 옥연정사

서애 류성룡이 휴식을 취하며 공부하기 위해 만든 건물이에요. 국보로 지정된 《징비록》도 이곳에서 지었다고 해요.

❼ 병산 서원

마을에서 3킬로미터 떨어진 곳에 있는 서원이에요. 조선 5대 서원 중 하나라고 하네요. 서원 자체도 아름답지만, 누각인 만대루에서 쳐다보는 병산 절경이 끝내줘요.

다 같이 돌자! 양동 한 바퀴

❶ 무첨당
양동 여주 이씨 종가로, 국가유산인 보물로 지정되어 있어요.

❷ 수졸당
회재 이언적 선생의 손자인 수졸당 이의잠이 지은 집으로, 여주 이씨 수졸당파의 장손들이 대를 이어 살고 있어요.

❸ 안락정
월성 손씨 집안의 자손들이 공부했던 서당이에요.

❹ 강학당
19세기 후반 건물로 여주 이씨 문중의 서당이었어요. 높은 곳에 자리하고 있어서 건너편에 있는 마을 절경이 고스란히 눈에 들어와요.

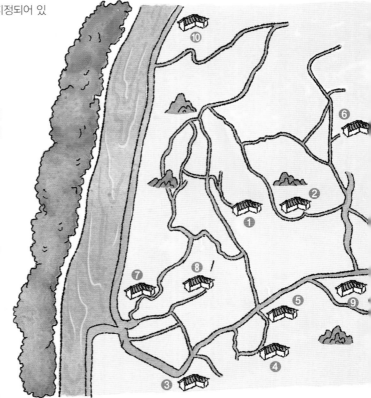

❺ 심수정
16세기 후반 회재 이언적 선생의 동생인 농재 이언괄을 추모하기 위해 지었어요. 이언괄은 벼슬길에 나선 형 대신 병든 어머니를 임종할 때까지 모신 효자였다고 해요. 마을의 정자 중 규모가 가장 크며 한때 서당을 겸했어요.

❻ 서백당

양동 마을에 가장 먼저 정착한 월성 손씨. 손소가 15세기 중반에 지은 집으로 양동 마을을 대표하는 집이에요. 집 이름인 '서백書百'은 '종손은 인내를 가져야 한다라는 가르침을 전하기 위해 참을 인忍자 백 번을 쓴다.'는 의미라고 해요. 정원에 있는 향나무는 집 지은 것을 기념하여 심은 나무로, 나이가 500살 정도 된다고 해요.

❼ 관가정

조선 성종 때 이조 판서를 지낸 우재 손중돈이 15세기 말에서 16세기 초반에 지은 집이에요. 집 이름은 '농사짓는 풍경을 보는 정자'라는 뜻을 가지고 있어요. 국가유산인 보물로 지정되어 있지요.

❽ 향단

회재 이언적이 경상도 관찰사로 부임할 당시 병환으로 몸져 누운 모친을 돌볼 수 있게 중종 임금이 지어 준 집이에요. 회재가 서울로 올라가며 동생 이언괄에게 물려준 이후 그의 자손들이 대대로 살며 여주 이씨 향단파의 종가가 되었어요. 현재 국가유산인 보물로 지정되어 있어요.

❾ 두곡 고택

18세기 전반에 지어진 집으로, 양동 윗마을의 대표적인 기와 집이에요. 부엌 뒤에 있는 디딜방앗간은 마을에 몇 개 안 남은 것 중 하나에요.

❿ 수운정

양동 마을에 있는 정자 중에서 가장 경관이 좋은 곳으로 유명해요.

티지의 궁금증

나라마다 자기 나라의 전통을 간직하고 있는 마을들이 있을 거예요. 그런데 유네스코가 굳이 '하회'와 '양동'을 세계유산으로 등재한 특별한 이유가 있을까요?

세계유산은 단순히 귀중한 가치가 있다고 해서 등재되는 것이 아니에요. "인류의 보편적 가치와 문화의 다양성에 이바지한다."는 취지에 맞는 문화유산이 등재되죠. 따라서 각 민족의 전통이 살아 숨 쉬면서도 세계 문화의 다양성에 이바지할 수 있다면, 어떤 나라, 어느 곳에 있어도 세계유산으로 등재되어 보호, 관리돼요. 하회와 양동 마을의 경우 우리 민족의 전통과 문화적 삶을 고스란히 보여 주는 대표적인 공동체 마을이에요. 우리 문화의 전통이 살아 있음과 동시에 세계 문화의 다양성에 이바지할 수 있기에 유네스코는 전문가 토론을 거쳐 두 마을을 '한국의 역사 마을: 하회와 양동(Historic Villages of Korea : Hahoe and Yangdong)'으로 세계문화유산에 등재했어요.

하회별신굿 탈놀이

'하회'와 '양동'에는 우리 전통문화가 어떻게 살아 있나요?

첫째, 하회와 양동 마을은 조선 시대 유교 사회의 특징을 기반으로 하는 전통 씨족 마을의 고유한 공간 구성을 완전하게 보존하고 있어요. 씨족 마을이란, 같은 성씨들이 함께 사는 마을로 하회는 풍산 류씨들이, 양동은 월성 손씨와 여강 이씨들이 함께 살고 있어요.

둘째, 우리의 전통 지리 사상인 풍수지리학적 견지에서 보면 하회와 양동은 매우 좋은 터에 들어선 이상적인 마을이에요. 하회는 물 위에 뜬 연꽃처럼 생긴 곳에 터를 잡은 '연화부수형(蓮花浮水形)' 길지이며, 양동은 작은 골짜기 여럿이 나란히 흘러가는 '물(勿)' 자형 지형의 명당 터에 마을이 들어서 있어요.

셋째, 두 마을에는 다른 마을에서는 보기 드문 역사와 전통을 지닌 건축물이 많아서 수백 년에 걸쳐 형성된 역사 마을임을 한눈에 알 수 있어요. 양동 마을의 대표 건물인 서백당은 15세기에 만들어졌으며, 하회 마을의 대표 건물인 양진당은 16세기에 지어졌죠. 여기에 하회의 병산 서원과 양동의 옥산 서원은 조선 시대를 대표하는 서원으로 향촌 사회에서 서원이 차지하는 위치와 그 기능을 알게 해요.

넷째, 대를 이어 내려오는 동안 사용했던 책과 문서를 비롯한 다양한 기록물들이 마을 안에 고스란히 보존되어 있어요. 서애 류성룡 선생이 직접 쓴 《징비록》은 임진왜란 전후의 상황을 체험적으로 기록한 귀중한 역사 자료로 하회 마을에 보관되어 있어요. 양동 마을에는 금속 활자로 인쇄하여 인쇄술 연구에 중요한 자료인 《통감속편》이 보관되어 있고요. 이 외에도 두 마을에는 엄청난 양의 책과 문집,

문서들이 보존되어 있어서 조선의 향촌 사회를 연구하는 데 매우 귀중한 자료를 제공하고 있어요.

다섯째, 오래전부터 행해져 온 민속놀이들이 전승되고 있어요. 하회 마을의 '하회 별신굿 탈놀이', '선유줄불놀이'와 양동 마을의 '줄다리기'가 농촌 공동체 민속놀이로 아직도 마을 사람들에 의해서 행해지고 있어요.

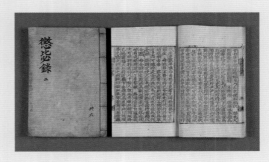

징비록

안동 하회 별신굿 탈놀이는 2022년 유네스코 인류무형문화유산에 등재되었어요. 이로써 안동은 국내에서 유일하게 유네스코 3대 카테고리인 세계유산(하회 마을, 봉정사, 도산 서원, 병산 서원), 세계기록유산(유교책판), 인류무형문화유산(하회 별신굿 탈놀이)을 모두 보유한 곳이 되었지요.

리비아: 가다메스 옛 시가지

등재 연도: 1986년

가다메스는 아프리카 리비아 북서부에 있는 도시예요. 이곳은 사막 한가운데 있지만 오아시스가 있어서 물이 풍부하기에 예로부터 비옥한 농업 지대였고, 사막을 횡단하는 무역상들이 쉬어 가는 장소였어요. 그래서 '사막의 진주'라는 별명을 가지고 있어요.

도시 내에는 이층집이 주로 들어서 있는데, 1층은 남성들의 공간이고, 2층은 여성들의 공간으로 테라스를 통해 옆집을 자유롭게 오가며 공동체 생활을 했어요. 현재는 옛 시가지 옆에 새로운 도시가 세워져 있지만, 지금도 여름이 되면 사람들은 옛 시가지 주택으로 돌아와 더위를 피할 정도로 사막의 뜨거운 열기를 피하는 효율적인 구조를 갖추고 있어요.

한편 가다메스 옛 시가지는 한때 이곳을 점령했던 그리스, 로마의 유적과 이슬람의 흔적까지 남아 있어서 유네스코는 1986년 가다메스를 세계유산으로 등재했어요.

스웨덴 : 룰레오의 감멜스타드 성당 마을

등재 연도 1996년

스웨덴 항구 도시 룰레오 북서쪽에 있는 감멜스타드 성당 마을은 중세 시대 모습을 간직하고 있는 전통 마을이에요. 이 마을은 교통의 요지에 있어서 스칸디나비아반도 내 여러 지역과 교역이 활발하게 이루어지던 상업 중심지였는데, 15세기 감멜스타드 성당이 만들어지면서 일대에 마을이 들어섰어요. 감멜스타드 성당은 스칸디나비아반도 북부에서 가장 큰 규모를 가진 교회로, 처음 지어질 때 모습을 잘 간직하고 있어요. 성당 주변에 있는 424채의 주택은 먼 거리에서 교회를 찾아온 신자들을 위한 숙소로 주로 일요일과 종교 행사 기간에만 사용했기에 원형이 잘 보존되어 있어요. 1996년 유네스코는 열악한 자연환경에 적응하기 위해 만든 마을의 형태를 잘 보여 주고 있다며 룰레오의 감멜스타드 성당 마을을 세계유산으로 등재했어요.

필리핀: 비간 역사 마을

등재 연도 1999년

필리핀은 장기간 에스파냐의 지배를 받았어요. 그러다 보니 필리핀 전통과 에스파냐풍 유럽 문화가 결부된 문화유산이 여러 곳에 남아 있는데, 루손섬 서쪽에 있는 비간이 대표적인 곳이에요. 비간 역사 마을에는 16세기 에스파냐가 지배하던 당시 만들어진 주택들의 원형이 잘 보존되어 있을 뿐만 아니라, 필리핀 원주민 전통 주택 양식에 에스파냐풍 유럽 건축기술이 결합된 건물들이 다수 보존되어 있어요. 마을 중심 도로에는 긴 네모꼴 화강암석을 깔아 놓았는데, 이 또한 유럽의 영향을 받아 만들어진 것으로 에스파냐가 식민 지배하던 시절부터 이용되었던 마차가 지금도 이 길을 오가고 있어요.

한편 중국 상인들도 비간을 많이 왕래했어요. 당시 중국 상인들이 상행위를 하기 위해 세운 건물도 세계유산에 등재되어 있어요. 이 건물들은 상업용 저택답게 1층은 사무실과 창고로, 2층은 주거지로 사용했어요.

오스트리아, 벨기에, 체코, 프랑스, 독일, 이탈리아, 영국: 유럽의 대 온천 마을들

등재 연도 2021년

영국 서남부 바스시에는 로만 바스 목욕탕이 있어요. 바스는 로마 시대부터 온천으로 유명해서 도시 이름인 바스가 '목욕하다'는 뜻을 가진 단어 'bath'의 기원이 되었지요. 유럽의 대 온천 마을들은 7개 나라 11개 도시 온천으로 구성되어 있어요. 이 도시 온천들을 통해 고대 로마 시대부터 현재까지, 특히 18~19세기에 유행한 유럽 온천 문화를 알 수 있어요.

각 나라 온천 마을에는 목욕탕과 치료실을 비롯하여 부대 시설로 카지노, 극장, 호텔, 공원들이 있어서 치유와 휴양 기능이 한곳에서 이루어졌음을 알 수 있어요. 마치 오늘날 대규모 리조트의 초창기 모습을 온천 마을이 보여 주고 있는 것이죠. 여러 나라의 온천이 하나의 세계유산으로 등재되었기에 각국 정부는 위원회를 구성하여 오랜 역사와 전통을 지닌 온천 마을을 효과적으로 공동 관리하고 있어요.

병자호란의 아픔이 서린
남한산성

대한 제국 시기 남한산성

경기도   광주

조선의 수도는 현재 우리나라 수도인 서울이었어요. 당시는 '한양'이라고 했지요. 한양에는 임금이 나랏일을 살피고 일상생활도 하는 궁궐이 다섯 곳 있었고, 외적의 침입에 대비하기 위하여 수도 전체를 에워싼 도성도 있었어요. 한편, 수도 한양의 도성이 위험에 처하는 것을 최대한 막기 위해 적의 침입로를 차단할 만한 수도 외곽 요새지에 산성을 쌓아 경계를 철저히 했어요.

세계유산으로 등재된 남한산성은 북한산성과 함께 조선의 도성인 한양을 외적의 침입으로부터 지켜 내기 위해 쌓은 산성이에요. 따라서 남한산성 내에는 적의 침입을 막기 위한 다양한 방어 시설이 마련되어 있어요. 또 한양이 함락당했을 시에는 왕이 거처를 옮겨와서 전쟁을 지휘할 수 있도록 임시 궁궐인 행궁도 갖춰 놨어요. 유네스코는 난공불락의 방어시설인 남한산성의 역사적인 가치를 인정해 2014년 세계유산으로 등재했어요.

	남한산성
세계유산 등재 연도	2014년
만들어진 시기	조선 후기
있는 곳	경기도 광주시 남한산성면 산성리 일원
관람 시간	연중 무료 관람 가능 ※ 행궁: 하절기 10:00~18:00, 동절기 10:00~17:00 (매주 월요일 휴궁, 관람 종료 30분 전까지 입장 가능)

다 같이 돌자! 남한산성 한 바퀴

남한산성은 삼국 시대에 흙으로 쌓은 토성이었어요. 이후 조선 전기까지 여러 번 개보수를 거쳐 성을 유지하다가, 임진왜란을 겪고 난 뒤 수도 방어의 전초 기지이자 최후의 요새로 활용하기 위해 현재와 같이 규모가 크고 단단한 석성으로 다시 쌓았어요.

　청량산을 중심에 두고 능선을 따라 장대하게 축조된 남한산성을 '조선 최고의 산성'이라고 해요. 성곽 안쪽이 평평한 분지로, 물이 풍족하고 농사지을 땅도 어느 정도 있어서 대규모 외적이 성을 공격해 와도 장기간 전투가 가능했어요. 성곽 바깥쪽은 기울기가 큰 경사 지대가 대부분이어서 외적이 쉽게 성을 넘어올 수 없었어요. 이처럼 공격하기 어려워 좀처럼 함락되지 않는 난공불락의 요새인 남한산성을 본격적으로 쌓은 시기는 조선 인조 임금 집권기인 1624년으로, 1625년에 완성했어요.

❶ 동문 좌익문

산성 남동쪽에 있는 문으로, 행궁 왼쪽
에 있는 문이어서 '좌익문'이라고도 했
어요. 병자호란 당시 청나라군이 와서
항복하라고 위협했던 곳이에요.

❷ 서문 우익문

산성 북서쪽에 있는 문으로, 행궁 오른
쪽에 있어서 '우익문'이라고도 했어요.
병자호란 당시 인조가 이 문으로 성을
나서서 송파 삼전도에서 청나라에 항복
했어요.

❸ 남문 지화문

남한산성의 정문으로, 병자호란 당시
인조가 이 문으로 성을 들어왔어요. 정
조 임금 시절에 문을 보수하면서 화합
하라는 뜻으로 '지화문'이라는 이름을
붙였어요.

❹ 북문 전승문

병자호란 당시 이 문으로 나간 조선 군
사 300명이 청의 유인 작전에 걸려 전
멸했어요. 그때의 패배를 교훈 삼아 앞
으로는 계속 승리하자는 뜻에서 '전승
문'이라고 이름 붙였어요.

❺ 수어장대

장대는 장수가 군사 지휘를 했던 곳이에요. 남한산성은 규모가 커서 동·서·남·북 네 군데에 장대를 설치했는데, 수어장대는 본래 서장대였어요. 영조 임금 때 2층 누각으로 건물을 위엄있게 단장해 산성 내 으뜸 장대로 삼으며 이름을 수어장대로 바꿨어요.

❻ 연무관

군사들이 무술 연마를 했던 곳이에요. 정조 임금이 이곳에서 과거를 열기도 했어요.

❼ 현절사

병자호란 이후 청나라로 끌려가 충절을 지키다가 죽은 오달제, 윤집, 홍익한의 영혼을 모신 사당이에요. 보통 사당은 남쪽을 바라보고 짓는데, 현절사는 행궁이 있는 서쪽을 향해 지어졌어요. 죽어서도 임금에게 충성을 다하겠다는 뜻이 담긴 듯해요.

❽ 청량당

남한산성 동남쪽 공사 책임을 맡았
던 이회가 모함을 받아 죽은 뒤 그
의 억울함이 밝혀지자, 영혼을 위로
하기 위해 세운 사당이에요.

❾ 숭렬전

백제의 시조 온조왕을 모신 사당
으로 인조 임금 때 만들었어요. 정
조 임금이 '숭렬전'이라는 편액_{건물}
_{앞쪽 처마에 거는 액자}을 하사했어요.

해리의 궁금증 -

조선 시대 성곽인 남한산성 안에 백제 시조 온조 사당이 왜 있나요?

온조는 본래 고구려 사람으로 자기를 따르는 무리를 이끌고 남쪽으로 내려와 현재 서울 지역에 정착하
여 백제를 세운 인물이에요. 병자호란으로 인조가 남한산성에서 피난살이를 할 때 꿈을 꾸었는데, 온
조가 나타나 '적이 높은 사다리를 타고 북쪽 성을 오르는데 어찌 막지 않는가?'라고 말했어요. 황급히
꿈에서 깨어난 인조는 급히 군사들을 불러 북쪽 성곽으로 보냈어요. 온조의 말처럼 청나라군이 사다리
를 타고 성벽을 기어오르고 있었어요. 조선군은 총과 활을 쏘아 청군을 막아 냈어요. 병자호란이 끝나
고 한양 궁궐로 돌아온 인조는 꿈에 나타나 자신을 보호해 준 온조에게 감격하여 남한산성 내에 사당
을 짓고 제사를 모시게 했어요.

다 같이 돌자! 남한산성 행궁 한 바퀴

임금이 한양 궁궐을 떠나 도성 밖으로 행차할 때 임시로 머무는 궁궐을 '행궁'이라고 해요. 남한산성 행궁은 전쟁이나 내란 등으로 국가에 비상 상황이 발생했을 때, 지방 각지에서 지원군이 올 때까지 피난처로 사용하기 위해 1626년에 만들었어요. 그래서 남한산성 행궁은 다른 행궁과 달리 왕의 생활 공간^{상궐}과 업무 공간^{하궐}이 구분되어 있어요.

인조는 1636년 병자호란 당시 밀물처럼 밀고 내려오는 청나라 군대를 상대하기 위해 강화도로 피신하려다가 청군이 길목을 차단하자 남한산성 행궁으로 들어와 47일을 버텼어요. 인조가 청나라에 항복해서 한양으로 돌아간 이후에도 남한산성 행궁은 광주 행궁, 남한 행궁 등으로 불리며 계속 존속되었으나, 1909년 일본에 의해 없어지고 말았어요. 현재의 남한산성 행궁은 2012년에 복원된 건물이에요.

❶ 한남루

한남루는 남한산성 행궁의 정문으로 '한강 남쪽에 있는 성의 누각'이라는 뜻으로 정조 때 만들어진 2층 누각이에요.

❷ 외행전

왕이 업무를 보는 하궐의 중심 건물이에요. 병자호란 당시 청군이 쏜 포가 외행전 기둥에 떨어졌다는 기록이 전하고 있어요.

❸ 일장각

평상시 행궁 업무를 담당했던 광주부 유수가 살던 건물이에요.

❹ 내행전

왕이 잠을 자고 생활하는 상궐의 중심 건물이에요. 행궁 건물 중에서 가장 위엄 있게 지어졌어요.

❺ 좌승당

광주부 유수가 업무를 보던 건물로, 순조 임금 때 만들었어요. 집 이름 좌승당은 '싸우지 않고 앉아서도 이긴다.'는 뜻을 담고 있어요.

❻ 이위정

광주부 유수가 활쏘기 연습을 하려고 만든 정자예요.

❼ 좌전

조선 시대에는 궁궐을 중심으로 왼쪽에는 종묘, 오른쪽에는 사직단을 두었어요. 그에 따라 남한산성 행궁도 행궁 왼쪽에 임시 종묘인 좌전, 오른쪽에 임시 사직단인 우실을 두었어요. 현재 좌전만 복원되었고 우실은 터만 있어요.

남한산성 성벽의 총안

티지의 궁금증

남한산성 성벽 상단에 구멍 뚫린 담장은 뭐예요?

남한산성 성벽은 3~7미터 정도 높이로 축성되었어요. 높다란 성벽 위지만, 성벽 아래에서 공격해 오는 적을 상대하기 위해서는 몸을 보호한 채 적을 조준 사격해야 할 총구멍이 필요해요. 그래서 성벽 위에 몸을 숨길 방패막이인 여장을 쌓고 그곳에 총을 쏘는 구멍인 총안도 설치 했어요.

131

룩셈부르크: 중세 요새 도시

등재 연도: 1994년

룩셈부르크는 유럽에 있는 작은 도시 국가예요. 이 나라는 프랑스, 오스트리아, 독일 사이에 끼어 있어서 예로부터 크고 작은 전쟁에 계속 휘말려 들었어요. 룩셈부르크는 10세기경에 처음 성을 쌓은 이후로 20번이 넘게 성곽이 파괴되는 수난을 겪었어요. 하지만 이 도시 사람들은 굴하지 않고 12세기 말에는 2차 방어벽을 만들었고, 15세기에는 3차 방어벽을 구축했어요. 어느 순간 룩셈부르크는 견고한 요새 도시로 변모했어요.

그럼에도 불구하고 지리적으로 강대국 사이에 끼어 있다 보니 룩셈부르크는 주변국의 침략을 빈번하게 받았어요. 룩셈부르크가 주변국의 침략 없이 안정되기 시작한 것은 강대국들이 룩셈부르크를 영구 중립국으로 인정한 1867년부터예요. 이때 이후로 룩셈부르크는 단단하게 쌓은 성을 해체하기 시작했지만, 유네스코는 룩셈부르크 요새 성곽을 1994년 세계유산으로 등재하여 보전하고 있어요.

시리아: 기사의 성채와 살라딘 요새

등재 연도 2006년

기사의 성채

살라딘 요새

중동 지역 국가인 시리아에 있는 기사의 성채와 살라딘 요새는 십자군 전쟁과 연관된 유적이에요. 기사의 성채는 12세기 예루살렘을 점령하기 위해 온 유럽의 십자군 기사단이 만들었어요. 십자군이 세운 성 중에서 원래의 모습을 잘 간직하고 있으며, 성 내부에는 프레스코 벽화가 다수 남아 있어요.

살라딘 요새는 10세기 비잔틴 제국 시대에 만들어져 12세기에는 십자군이 주둔하기도 했어요. 그러나 십자군을 물리치고 예루살렘을 회복한 이슬람 세계의 영웅 살라딘이 이곳을 점령하고 기존 비잔틴식 성채에 이슬람 건축 양식을 가미하여 성을 재건축했어요.

러시아: 데르벤트의 성채, 고대 도시, 요새 건물

등재 연도 2003년

데르벤트는 카스피해 서쪽 연안에 있는 도시예요. 이 도시는 예로부터 카스피해 곳곳을 핏줄처럼 연결하는 교통의 요지였어요. 사산왕조 페르시아는 5세기부터 영토 확장의 중요 거점지역인 데르벤트에 성곽을 짓기 시작했어요. 데르벤트 성채는 거대한 돌로 튼튼하게 지어졌는데, 20미터 높이의 두 줄 성벽으로 이루어져 있어요. 게다가 30여 개의 탑이 성벽 곳곳에 우뚝 서 있어서 요새로서의 위세를 더하고 있어요.

사산왕조 페르시아가 물러간 뒤에는 이슬람, 몽골 등 다양한 국가들이 이 성채를 군사 기지로 사용했어요. 유네스코는 데르벤트 성채의 역사와 문화적 가치를 인정하여 2003년 세계유산으로 등재했어요.

포르투갈: 엘바스 요새 도시와 방어 시설

등재 연도 2012년

엘바스 요새 성곽과 방어 시설은 에스파냐와 국경을 맞대고 있는 포르투갈 쪽 국경 지대에 건설되었어요. 이 요새는 이슬람 세력이 이베리아반도를 점령했던 시절 만들어졌어요. 하지만 현재와 같은 난공불락의 거대한 성곽은 1640년 포르투갈이 에스파냐로부터 독립한 이후, 외부로부터 침입해 오는 적을 방어하기 위해 만들었어요.

별 모양의 다각형 성곽 안에 열두 개의 작은 요새가 세워져 있으며, 요새 곳곳에는 교회, 수도원을 비롯한 다양한 건물이 들어서 있어요. 성곽 안을 흐르는 물길은 7km 길이의 수도교와 연결되어 있어서 적에게 포위당하더라도 오랜 시간 견딜 수 있었어요.

백제 사람들의 숨결이 살아 있는
백제 역사유적지구

우리나라 수도인 서울에 백제의 첫 번째 수도가 있었어요. 백제는 고구려를 세운 주몽의 아들 온조가 기원전 18년에 세웠어요. 고구려 왕자였던 온조는 아버지 주몽이 이복형인 유리에게 왕 자리를 물려주려 하자, 자기를 따르는 무리를 이끌고 남하하여 한강 유역에 새 나라를 세웠어요. 이후 온조의 후예들은 공주, 부여로 수도를 옮기며 신라와 당나라 연합군에 의해 나라가 멸망하던 660년까지 한반도 서남부를 다스렸어요.

거의 700여 년을 존속했던 백제는 중국을 통해 선진 문물을 수용하여 이를 다시 발전시킴으로써 수준 높은 새로운 문화를 창조하였어요. 그리고 한층 발전된 문물을 신라와 일본 등 주변국에 전파함으로써 동아시아 문화 발전에 크게 기여했어요.

유네스코는 백제의 오랜 역사와 수준 높은 문화를 인정하여 공주시, 부여군, 익산시 3개 지역에 분포된 8개 고고학 유적지를 '백제 역사유적지구'라는 이름으로 2015년 세계문화유산으로 등재했어요.

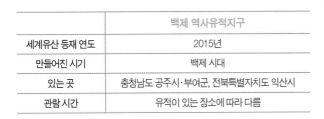

	백제 역사유적지구
세계유산 등재 연도	2015년
만들어진 시기	백제 시대
있는 곳	충청남도 공주시·부여군, 전북특별자치도 익산시
관람 시간	유적이 있는 장소에 따라 다름

137

다 같이 돌자! 공주 한 바퀴

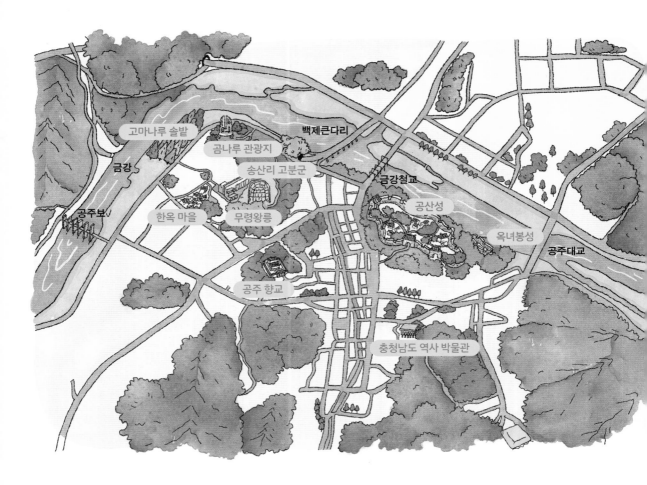

고마나루 솔밭
곰나루 관광지
백제큰다리
송산리 고분군
금강철교
금강
공주보
한옥 마을
무령왕릉
공산성
옥녀봉성
공주대교
공주 향교
충청남도 역사 박물관

공산성

백제 시대 '웅진성'이라 했던 곳으로, 백제의 왕성이자 수도 방어성이었어요. 백제 때는 성벽 전체를 흙으로 쌓았으나, 조선 시대 때 석성으로 새로 쌓아 현재는 성벽 대부분이 돌로 쌓은 석성이고, 동쪽 일부 구간만 흙으로 쌓은 토성이에요.

무령왕릉과 왕릉원

일제 강점기 때 조사에 의하면, 공주에는 수십 기의 백제 무덤이 있었어요. 하지만 도시 개발 과정에서 여러 무덤이 사라지고 지금은 무령왕릉을 비롯한 7기의 무덤만 남아 있어요. 1~5호분은 백제의 대표적 무덤 양식인 돌로 만든 굴식 돌방무덤이고, 6호분과 무령왕릉은 당시 중국 남쪽 지역에서 널리 유행하던 벽돌무덤 양식으로 만들어졌어요. 웅진 시대 백제의 대외교류가 대단히 활발했음을 증명하고 있지요.

해리의 궁금증 ---

굴식 돌방무덤이 뭐예요?

돌방무덤은 시신이 무덤 속 돌로 만들어 놓은 방에 있는 무덤을 말해요. 이 무덤 양식은 밖에서 보면 일반적인 흙무덤처럼 보이지만, 돌방까지 쉽게 관이 들어갈 수 있도록 널길이 터널처럼 만들어져 있고 내부에 돌방이 있어요. 그래서 '굴식 돌방무덤'이라 해요.

다 같이 돌자! 부여 한 바퀴

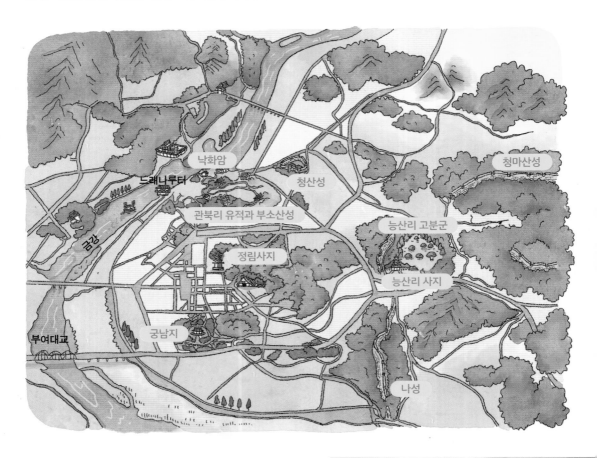

백제 궁궐터

웅진은 외적을 막기에 적절한 장소였지만, 지리적으로 협소하여 한 나라의 수도로는 부족한 면이 있었어요. 이에 백제 성왕은 드넓은 평야 지대인 사비지금의 부여의 부소산 자락에 궁궐을 새로 지어 수도를 옮긴 후에 백제 부흥에 나섰어요. 한성에서 웅진으로 급하게 천도했을 때와는 달리 사비 천도는 성왕의 철저한 계획 속에 진행되었어요. 사비 시대는 123년간 지속되었는데, 이 시기 백제는 중국 남조와 교류하며 선진 문물을 받아들여 찬란한 문화를 꽃피웠어요.

낙화암이 있는 부소산

부소산성

부소산성은 백제 왕궁 뒷산인 부소산에 있어
요. 부소산은 평시에는 왕궁의 후원 역할을 하
다가 적의 침입과 같은 국가 변란이 있을 시에
는 왕궁을 방어하는 시설로 사용되었어요. 백
제가 멸망할 때 의자왕의 삼천 궁녀가 뛰어내
렸다는 전설이 있는 낙화암도 이 산에 있어요.

부여 정림사지와 정림사지 오층 석탑

정림사는 백제 사비 시대를 대표하는 사찰이에
요. 지금은 터만 남아 있고, 절터에 오층 석탑만
외롭게 우뚝 서있어요. 부여 정림사지 오층 석
탑이에요. 이 석탑은 백제탑이 목탑에서 석탑
으로 변천되었음을 알 수 있게 해요. 돌로 만든
석탑이 분명하지만, 나무 탑 만드는 방식이 탑
곳곳에 남아 있거든요.

티지의 궁금증 --

정림사 오층탑은 석탑인데 왜 목탑 양식으로 만들었나요?

중국에서 불교가 전해지던 초기에는 탑을 나무로 만들었어요. 그런데 우리가 사는 한반도에는 나무보다
탑 세우기에 적절한 질 좋은 석재인 화강암이 많아서 점차 돌로 탑을 만들었어요. 그 흔적이 백제탑에
고스란히 남아 있어요. 미륵사지탑은 돌탑이지만 목탑 양식이 강하게 드러나는 편이며, 미륵사지탑보다
늦게 만들어진 정림사지 오층 석탑은 목탑 흔적이 조금 덜 드러나는 편이에요.

다 같이 돌자! 왕궁리 한 바퀴

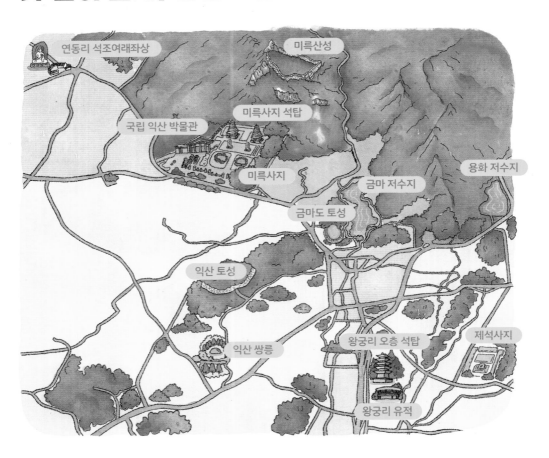

연동리 석조여래좌상
미륵산성
미륵사지 석탑
국립 익산 박물관
미륵사지
용화 저수지
금마 저수지
금마도 토성
익산 토성
왕궁리 오층 석탑
제석사지
익산 쌍릉
왕궁리 유적

익산 왕궁리유적

왕궁리 백제 왕궁은 7세기 백제 무왕 시기에 만들어졌어요. 실행에 옮겨지지는 않았지만, 왕궁리에서 백제 궁궐 유적이 출토되는 것으로 보아 무왕은 백제 수도를 사비에서 익산 왕궁리로 이전하려 했던가 봐요. 왕궁리 유적지에서는 궁궐터, 왕실 물품을 만들던 공방, 궁궐 정원 등이 발굴되었어요. 특이한 장소로 왕궁 화장실도 발견되었는데, 고대 사람들이 사용하던 공중화장실이 발굴된 것은 우리나라 역사상 이곳이 최초예요.

익산 미륵사지와 미륵사지 석탑

전북 익산시 금마면 미륵산 자락에는 동아시아 최대 규모 사찰이었던 미륵사 터가 남아 있어요. 미륵사에는 본래 세 개의 탑이 있었어요. 오랜 세월이 흐르는 동안 두 개의 탑은 사라지고 서쪽의 탑만 훼손된 채 겨우 보존되어 왔어요. 그런데 서탑 또한 붕괴 위험이 있어 문화재청은 2001년부터 석탑을 해체해 오랜 기간 공을 들여 재조립한 끝에 2019년 대중에 공개했어요.

1910년대 미륵사지 석탑 모습(왼쪽 사진 동측면, 오른쪽 사진 서측면)

 복원후

현재 복원된 모습

143

무령왕릉에서 보물찾기

장마철이어서 비가 자주 오던 1971년 7월 어느 날이었어요. 공주 송산리 고분군에 있는 무덤 안으로 빗물이 스며드는 것을 막기 위해 작업자들이 5호분과 6호분 사이에 물길을 내고 있었어요. 그런데 이게 웬일일까요? 땅 밑에서 벽돌무덤이 발견되었어요. 고대 유물을 발굴하는 고고학자들이 땅을 파고 무덤 안으로 들어가 보니, 무덤은 처음 만들어진 이후로 누구의 손길도 닿지 않은 백제 왕릉이었어요. 출입문을 밀폐하기 위해 쌓아 둔 벽돌들을 제거하고 무덤방으로 들어가니 남녀 시신이 담긴 관이 있었고, 관 주위로 여러 물건이 흩어져 있었어요. 그 물건들을 전부 모아 보니 모두 4,600여 점에 달했어요. 무덤 주인이 누구인지를 알려 주는 한자로 새겨진 돌판 묘지석이 있었는데, 돌판 글자를 해석해 보니 백제 제25대 임금 무령왕과 그의 왕비가 함께 묻힌 무덤이었어요. 중국 남조 양식인 벽돌무덤의 영향을 받아 만들어진 이 무덤이 바로 무령왕릉이에요.

무령왕릉 발굴 모습

무령왕릉 내부 모습

무령왕릉에서 나온 출토품은 백제의 뛰어난 금은 세공 기술을 보여 주는 귀중품이 다수였어요. 중국 남조와의 교류를 입증해 주는 중국 화폐를 비롯해 중국 남쪽 지방에서 만들어진 물건들도 출토되었어요. 또 일본과도 활발히 교류했음을 알게 하는 유물도 출토되었어요. 이러한 출토품들은 백제가 중국은 물론 일본과도 활발히 교류했던 국제성을 가진 국가였음을 증명해 주었어요.

무덤을 수호하는
동물 석상

묘지석

오수전(중국 화폐)

중국산 도자기

금귀걸이

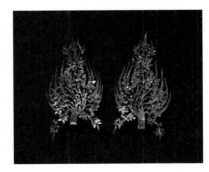

금관 장식

145

시리아: 다마스쿠스 고대 도시

등재 연도 1979년

오늘날 시리아의 수도인 다마스쿠스는 기원전 3,000년 무렵에 세워진 오랜 역사 도시예요. 다마스쿠스는 과거 아시리아, 페르시아 제국, 알렉산드로스 제국, 로마 제국, 비잔틴 제국 등 고대 왕국들의 중심 도시로 번성했어요. 장기간에 걸쳐 대제국의 중심 도시로 성장한 덕분에 다마스쿠스는 여러 문물의 융합 속에 다양한 문화 양식이 켜켜이 쌓여 전통이 살아 숨 쉬는 역사 박물관 같은 도시가 되었어요.

도시 안에 있는 여러 건축물 중에서 우마이야 모스크는 다마스쿠스의 랜드마크 역할을 하는 이슬람 사원 건물이에요. 715년에 완공된 이 건물은 콘스탄티노폴리스의 성 소피아 사원을 본떠서 비잔틴 양식으로 건설되었어요. 현재 이곳에는 기독교 성자인 세례 요한과 이슬람 시아파 3대 이맘기독교의 목사와 비슷한 이슬람교 지도자이었던 후세인의 유골이 보관되어 있어서 이슬람 신자들은 물론 기독교 신자들도 자주 찾는 성지예요.

태국: 아유타야 역사 도시

등재 연도 1991년

아유타야는 태국 역사에서 빠지지 않고 등장하는 역사 도시예요. 1350년경 건립된 이 도시는 아유타야 시대의 수도였어요. 아유타야 왕국은 400여 년 동안 지속되며 14세기 말 동남아시아 최대 정치 세력으로 성장했지만, 1767년 미얀마의 침략으로 멸망했어요.

태국 정부는 밀림에 방치되어 있던 야유타야를 되살려 1991년 유네스코 세계유산으로 등재했는데, 태국이 예로부터 불교를 신봉했던 국가였던 만큼 이곳에는 불교 유적이 다양하게 남아 있어요. 15세기 말에 건축된 왓 프라 시 산펫은 왕궁 안에 세워진 사원으로, 현재 아유타야에서 가장 규모가 큰 유적이에요. 캄보디아의 앙코르와트를 모델로 한 사원으로 알려진 왓 차이왓타나람 사원은 과거에는 왕족의 화장터로 사용되었지만 현재는 멋진 일몰 풍경을 감상할 수 있는 곳으로 유명해요.

중국: 마카오 역사지구

등재 연도 2005년

중국 대륙 남동쪽 해안에 있는 도시 마카오는 포르투갈 상인들에 의해 개발되어 발전한 식민 도시예요. 포르투갈 상인들은 동서 무역의 중계지로 삼기 위해 한적한 어촌 포구였던 마카오를 1557년부터 개발하기 시작했어요. 이후 1999년까지 장기간 점유하며 유럽 분위기를 물씬 풍기는 독특한 도시로 꾸몄어요.

마카오에서 많은 관광객이 찾는 세나도 광장은 마카오 역사지구의 중심부에 있어요. 물결무늬가 새겨진 타일 바닥과 알록달록한 색감의 포르투갈식 건물이 줄지어 있어서 마카오가 아시아의 리틀 유럽임을 알 수 있게 해 줘요. 유네스코 세계유산으로 등재된 마카오 역사 도시의 명물로 손꼽히는 곳은 세인트 폴 대성당 유적이에요. 중국에서 제일 먼저 만들어진 성당이지요. 17세기 초에 완공되었으며, 당시 아시아에서 가장 큰 성당이기도 했어요. 하지만 세인트 폴 대성당은 1835년 화재가 발생해 현재는 파사드건물의 주 출입구가 있는 정면부만 남아 있어요.

체코: 프라하 역사지구

등재 연도 1992년

체코의 수도 프라하는 천 년이 넘는 역사를 가진 연륜 깊은 도시로, 도시 경관이 아름다워서 '북방의 로마', '유럽의 심장', '유럽의 음악원' 등 다양한 별칭을 지니고 있어요. 유네스코 세계유산으로 등재된 프라하 역사지구에는 중세 시대부터 현재까지 한 도시가 발전해 온 과정을 잘 보여 주는 건물들이 프라하 성과 어우러져 구시가지에 줄줄이 서 있어요. 따라서 이 지구를 걷다 보면 로마네스크 양식, 고딕 양식, 모더니즘 건축 양식 등 다양한 양식으로 만들어진 다채로운 건물들을 볼 수 있어요.

　프라하 역사지구에서 가장 독특한 건조물은 구시청사 천문 시계탑이에요. 세계에서 가장 오래된 천문 시계탑으로 15세기 초반에 만들어졌어요. 매 정시가 되면 정각을 알리는 종소리와 함께 시계 속에서 인형들이 나와서, 인간은 누구든 죽기에 부도 명예도 허영심도 소용없다는 교훈을 지닌 인형극을 보여 줘요.

승려 공동체 생활의 중심지

산사, 한국의 산지승원

'산사, 한국의 산지승원'은 우리나라 승려들의 수행처인 산속 깊숙한 절 일곱 군데를 한데 묶어 세계유산으로 등재한 연속유산이에요. 한국 불교를 대표해 세계유산으로 등재된 절 일곱 곳은 통도사^{경남 양산}, 부석사^{경북 영주}, 봉정사^{경북 안동}, 법주사^{충북 보은}, 마곡사^{충남 공주}, 선암사^{전남 순천}, 대흥사^{전남 해남}예요.

세계유산으로 등재된 사찰들은 깊은 산의 계곡을 낀 산기슭에 자리 잡고 있어요. 승려들이 수행하기 좋은 자연환경을 지니고 있으며, 사찰의 경계가 산 그 자체이기에 자연 친화적인 개방형 구조를 지니고 있지요. 승려와 불교 신자의 수행과 신앙생활을 위한 오래

된 공간이라는 점, 불교의 종교적 가치가 구현된 공간 구성의 진정성이 보존된 점을 인정하여 유네스코는 한국의 사찰 일곱 곳을 세계유산으로 등재했어요.

		산사, 한국의 산지 승원
세계유산 등재 연도		2018년
만들어진 시기		7~9세기
있는 곳	통도사	경남 양산시 하북면 통도사로 108
	부석사	경북 영주시 부석사로 345
	봉정사	경북 안동시 서후면 봉정사길 222
	법주사	충북 보은군 속리산면 법주사로 405
	마곡사	충남 공주시 마곡사로 966
	선암사	전남 순천시 승주읍 선암사길 450
	대흥사	전남 해남군 삼산면 대흥사길 400
관람 시간		일곱 곳의 절 모두 연중무휴로 관람이 가능하나, 각 절마다 개방 시간은 다름.

다 같이 돌자! 산사 한 바퀴

'산사, 한국의 산지승원'에 포함된 여러 사찰은 대체로 산에 둘러싸여 있어요. 어머니의 품속에 있는 아기처럼 대자연 속에 오롯이 들어선 산사의 입지는 곡저형, 경사형, 계류형 세 가지 형태로 나눌 수 있어요.

해리의 궁금증 - - - - - - - - - - - - - - - - - - -

세계유산으로 등재된 사찰이 보유하고 있는 귀중한 보물들도 유네스코 세계유산에 포함되나요?

세계유산은 '탁월한 보편적 가치'를 소재로 한 토지나 건물 등 옮길 수 없는 부동산만을 대상으로 해요. 조각상, 공예품, 회화 등 이동이 가능한 유물이나 식물, 동물 등은 포함되지 않아요.

티지의 궁금증 -

유네스코 세계유산으로 등재된 우리나라 일곱 개 사찰은 개별 절들이 각각 유네스코 세계유산으로 등재되었나요?

'산사, 한국의 산지승원'은 일곱 개의 사찰이 공동으로 등재된 연속유산이에요. 연속유산은 지리적으로 가깝지 않은 두 개 이상의 유산을 포함하는 세계유산을 말해요. 개별 유산으로서의 가치도 탁월하지만, 함께 묶어서 구성했을 때 그 유산이 지닌 탁월한 보편적 가치가 두드러질 경우 유네스코는 연속유산으로 등재해요.

경사형

경사형 사찰은 가파른 경사면에 건물이 계단식으로 배치된 절을 말해요. 부석사, 봉정사가 여기 해당돼요.

▶ 경사형인 부석사

계류형

계류형 사찰은 건물이 계곡의 좌우나 위아래로 배치된 사찰을 말해요. 마곡사, 선암사, 대흥사가 계류형에 속해요.

▶ 계류형인 마곡사

곡저형

곡저형 사찰은 물이 흐르는 계곡을 경계로 건물이 들어선 사찰을 말해요. 통도사, 법주사가 대표적인 곡저형 사찰이에요.

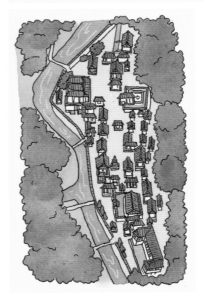

▶ 곡저형인 통도사

산사에서 보물찾기

통도사 경남 양산

자장 율사가 창건한 사찰로 한국 3보 사찰 중 한 곳이에요. 부처님의 진신 사리가 있어서 '불보 사찰'이라고 해요. 본당인 대웅전 안에 불상이 없어요. 왜냐고요? 석가모니 부처님이 죽은 이후 제자들은 스승인 부처님의 시신을 화장했어요. 시신이 불에 태워진 후 제자들은 스승의 유골을 모아 후세에 전했어요. 이 유골을 부처의 진짜 몸에서 나온 사리

통도사 금강계단

라고 해서 '진신 사리'라고 해요. 통도사에는 절을 세운 신라 시대 승려 자장 율사가 당나라에서 가지고 온 부처님의 진신 사리가 금강계단에 모셔져 있어요. 따라서 굳이 대웅전에 석가모니 부처님을 상징하는 불상을 둘 필요가 없었어요.

부석사 경북 영주

신라 승려 의상이 창건한 사찰이에요. 절 이름 '부석사'는 본당인 무량수전 서쪽에 있는 큰 바위에서 유래했어요. 이 바위는 지면으로부터 약간 떠 있어서 예로부터 '뜬 돌'이라 불렸어요. 의상 대사가 부석사를 창건할 시기에, 절 자리에는 산도둑들이 살고 있었어요. 의상 대사가 뜬 돌을 도둑들의 머리 위로 띄워 위협을 가했어요. 대사의 신통함에 놀란 도둑들은 살려달라고 빌며 대사의 제자가 되었어요. 이후 절 이름을 부석사라 했는데, 뜬 돌을 한자로 바꾸면 '뜰 부浮'에 '돌 석石'이 돼요. 부석사 조사당 벽화는 우리나라 목조 건물에 그려진 벽화 중 가장 오래된 것이에요.

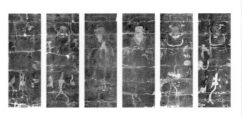

부석사 무량수전(위) 부석사 조사당 벽화(아래)

봉정사 경북 안동

7세기 후반 능인 대사가 창건한 절이에요. 능인 대사는 수행처를 정하려고 종이로 봉황을 접어 하늘로 날렸어요. 종이 새가 한참을 날다 현재 봉정사 자리에 떨어졌어요. 이후 능인 대사는 종이 새가 잡아 준 자리에 절을 지었고, 봉황이 머문 절이란 뜻에서 '봉정사'라고 했어요. 봉정사 극락전은 우리나라에 현재 있는 목조 건축물 중 가장 오래되었어요.

봉정사 극락전

법주사 충북 보은

절 이름 법주사는 '부처님이 머무는 절'이라는 뜻이에요. 부처님의 생애를 표현한 팔상도를 모신 건물인 팔상전이 유명한데, 우리나라에 현재 존재하는 유일한 목조탑이에요.

법주사 팔상전

티지의 궁금증 --

한국의 삼보 사찰은 뭐예요?

불교에서 귀하게 여기는 보물 세 가지를 '삼보'라고 불러요. 불교를 만든 석가모니 부처님을 '불보', 석가모니 부처님이 생전에 했던 말인 불법을 기록해 놓은 경전을 '법보', 석가모니 부처님의 말씀에 의지하여 수행하는 제자 집단인 승려를 '승보'라고 해요. 우리나라 여러 절 중에서 통도사는 부처의 몸을 상징하는 진신사리를 모시고 있어서 '불보 사찰', 합천 해인사는 부처님의 가르침을 담은 팔만대장경을 보관하고 있어서 '법보 사찰', 순천 송광사는 고려 중기의 대승려 보조 국사 지눌 이후 여러 고승 대덕(학식이 높고 넓은 인덕을 지닌 승려)이 배출되어 '승보 사찰'이라 해요.

마곡사 충남 공주

신라 승려 자장 율사가 창건했어요. 마곡천을 사이에 두고 북원과 남원으로 이루어진 독특한 구조를 지니고 있어요. 일제 강점기에 중국에서 독립운동을 이끌었던 백범 김구가 중국으로 건너가기 전에 잠시 승려가 되어 살았던 절이기도 해요. 절 안에 김구의 호를 딴 '백범당' 건물이 있어요.

마곡사 대웅보전

선암사 전남 순천

신라 말기에 도선 국사가 창건하고 고려 전기 승려 대각 국사 의천이 다시 지은 사찰로 알려져 있어요. 지금까지 큰불이 여러 번 나서 여러 차례 건물을 새로 지었어요. 선암사에는 '물 수水'와 '바다 해海'를 처마 밑 판벽에 조각해 놓은 건물이 있어요. 또 뒷산인 조계산을 한때는 청량산이라 바꿔 불렀고, 절 이름도 바다와 시냇물이 들어가는 한자를 써서 '해천사'라 하기도 했어요. 이러한 장치는 화재 방지책으로 대형 화재가 자주 발생했던 선암사의 역사를 반영하고 있어요.

선암사 일주문 처마에는 '고청량산해천사古淸涼山海川寺'현판이 걸려 있어요. 조계산 자락에 있는 선암사가 옛날에는 청량산 자락 해천사였음을 뜻하고 있지요. 맑고 시원함을

선암사 해·수 전각

뜻하는 '청량'과, 불을 끄는 물을 상징하는 '바다와 시내'를 절 이름으로 가져와서라도 큰불이 나는 것을 방지하려 했던 옛 스님들의 모습이 눈에 선하네요.

일주문 처마 현판

대흥사 전남 해남

통일 신라 후기인 9세기 후반에 창건되었어요. 임진왜란 당시 승려 의병을 지휘했던 서산 대사 휴정의 의발이 전하는 곳이에요. 한편 대흥사 일지암은 한국 차※ 문화의 성지이기도 해요. 조선 말기 대흥사에서 수행했던 초의 선사가 일지암에 살면서 우리나라 차 문화를 융성시켰어요.

대흥사 서산 대사 사당인 표충사

일지암

 해리의 궁금증 --

의발이 뭐에요?

의발은 승려의 옷과 밥그릇인 발우를 말해요. 서산 대사는 북한 땅에 있는 묘향산 원적암에서 세상을 떠났어요. 이때 제자들에게 유언으로 자신의 의발을 대흥사로 보내라 했어요. 왜 굳이 해남 땅 대흥사였냐고요? 서산 대사 생각에 해남 대흥사 터가 영원히 오래 갈 땅이었기 때문이에요.

서산 대사 의발

이집트: 성 캐트린지구

등재 연도 2002년

성 캐트린지구는 이집트 시나이반도 호렙산 자락에 자리 잡은 성 캐트린 수도원과 그 주변 지역을 말해요. 호렙산은 하나님으로부터 모세가 십계명을 받은 곳으로 알려져 있어요. 또 뿌리가 같은 세 종교인 기독교·유대교·이슬람교에서 성지로 중시하는 산이지요.

초기 기독교에서는 사람이 살기 힘든 땅인 오지에서 금욕주의적인 신앙생활을 하는 것이 유행했어요. 이 당시에 오지에 수도원이 많이 만들어졌는데, 6세기경에 만들어진 성 캐트린 수도원 역시 이러한 배경 속에서 탄생했어요.

유네스코는 성 캐트린 수도원과 주변 지역이 오지에 자리 잡은 초기 기독교 수도원의 탄생과 정착 사례를 잘 보여 주며, 현재까지도 종교적 기능을 여전히 유지하고 있다는 점을 들어 세계유산으로 등재했어요.

이탈리아: 아시시의 성 프란체스코 성당과 프란체스코회 유적

등재 연도 2000년

아시시는 이탈리아 움브리아주에 있는 도시로, 성인으로 추대된 '아시시의 프란체스코'의 출생지예요. 성인의 이름이 현재 교황의 이름과 같다고요? 맞아요. 일반적으로 교황 이름은 기독교 성인의 이름을 사용해요. 현 교황은 교황으로 추대될 당시 본인의 새 이름을 프란치스코라 지으며, 크리스트교 세계의 수장으로서 자신이 어떤 역할을 해 나갈지를 암묵적으로 밝혔어요.

현 교황이 본받고자 한 아시시의 성 프란체스코는 부패한 성직자가 많은 교회의 현실을 비판하면서 청빈한 생활, 기도와 봉사로 신앙생활을 하는 프란체스코 수도회를 창설하여 교회 개혁에 적극적으로 나섰어요. 유네스코는 프란체스코 수도회가 창립 당시부터 다른 종교와 신앙에 대해서 평화와 관용의 보편적 정신을 강조하면서 전 세계에 프란체스코 운동을 전파하고 있다는 점, 성 프란체스코 성당이 유럽 예술과 건축 발달에 큰 영향을 준 점을 기준 삼아 세계유산으로 등재했어요.

프랑스: 몽생미셸과 만

등재 연도 1979년(2007년 수정)

프랑스 북서부 노르망디 해안에 있는 몽생미셸은 독특한 자연 지형을 활용하여 바위섬 위에 만든 기독교 수도원이에요. 몽생미셸은 '성 미카엘의 산'이라는 뜻으로 11세기부터 16세기 사이에 만들어졌어요. 전해 오는 이야기에 의하면, 8세기 초반 현재 몽생미셸이 있는 지역을 관할 하고 있던 오베르 주교의 꿈에 천사장 성 미카엘이 나타나 수도원을 짓도록 명했어요. 천사의 계시를 받은 오베르 주교는 한동안 미적대다가 꿈에 다시 성 미카엘이 나타나 수도원 짓기를 재촉하자 바위산을 깎아 기반을 만들고 그 위에 미카엘을 기리는 수도원을 짓기 시작했어요. 몽생미셸 수도원의 출발이었지요.

한편 몽생미셸 수도원이 있는 곳은 조수 간만의 차가 매우 큰 갯벌 지대에요. 이러한 자연조건은 몽생미셸을 외부의 적들로부터 방어하기 좋은 천혜의 요새로 만들었어요. 백년 전쟁 당시 잉글랜드군의 거센 공격에도 소수 인원으로 수도원을 거뜬히 지켜 냈어요.

일본: 기이 산지의 영지와 참배길

등재 연도 2004년

일본 와카야마현의 기이산은 중국과 한국을 통해 유입된 불교가 일본의 전통 사상인 신도 와 융합해 나타난 신불습합일본 토착 신앙과 외래 종교인 불교의 합일 사상의 성지예요. 기이산에는 세계 유산으로 등재된 사원 세 곳이 있는데, 이들 사원에는 수도지를 위한 수행처와 무덤들이 나무, 폭포, 바위 등의 자연물과 조화를 이루며 자리 잡고 있어요. 한편 세 사원은 산속 조그만 오솔길로 서로 연결되어 있어 참배객들의 순례길로도 이용되고 있어요.

 기이산의 사원 유적들은 동아시아 종교 문화의 교류와 발전을 잘 보여 주고 있으며, 동시에 지난 1천여 년간 발전해 온 일본 종교 문화를 대변하고 있어서 유네스코는 이 사원들을 세계유산으로 등재했어요.

한국의 서원

서원은 조선 시대 지방 선비들이 유교 성현의 위패를 모셔 놓고 제사를 지내고, 지역 인재들의 교육을 위해 만든 사립 교육 기관이에요. 국립 교육 기관이었던 향교가 조선 중기로 접어들며 점차 쇠퇴하고 서원이 지방 교육을 거의 책임졌지요.

1543년 성리학자 주세붕의 노력으로 우리나라 최초의 서원인 백운동 서원<small>훗날 소수서원으로 이름이 바뀜</small>이 세워진 이후 서원은 지방 곳곳에 세워졌어요. 덕망 높은 유학자를 기리고 학문을 연구하며 지역 인재 양성을 책임졌기에 서원은 각 지역 문화의 거점지였어요.

유네스코는 서원의 오래된 건축물과 함께 서원이 가지고 있는 선비 정신을 높이 사서 전국에 있는 서원 아홉 곳을 연속유산으로 세계유산에 등재했어요.

한국의 서원		
세계유산 등재 연도	2019년	
만들어진 시기	조선 시대	
있는 곳	소수 서원	경상북도 영주시 순흥면 소백로 2740
	남계 서원	경상남도 함양군 수동면 남계서원길 8-11
	옥산 서원	경상북도 경주시 안강읍 옥산서원길 216-27
	도산 서원	경상북도 안동시 도산면 도산서원길 154
	필암 서원	전라남도 장성군 황룡면 필암서원로 184
	도동 서원	대구광역시 달성군 구지면 도동서원로 1
	병산 서원	경상북도 안동시 풍천면 병산길 386
	무성 서원	전북특별자치도 정읍시 원촌1길 44-12
	돈암 서원	충청남도 논산시 연산면 임3길 26-14
관람 시간	아홉 곳의 서원 모두 연중무휴로 관람이 가능하나, 각 서원마다 개방 시간은 다름	

다 같이 돌자! 서원 한 바퀴

유네스코에 등재된 서원들은 주변의 자연환경과 절묘한 조화를 이루고 있어요. 이는 조선 선비들이 공부하기 좋은 최적의 장소를 선정해 서원 건물을 지었기 때문이에요. 일반적으로 서원은 세 공간으로 나뉘어요. 서원에서 모시고자 하는 덕망 높은 유학자의 위패를 모셔 놓고 추모하며 제사를 지내는 제향 공간,《논어》나《중용》같은 유교 경전을 배

강당

사당

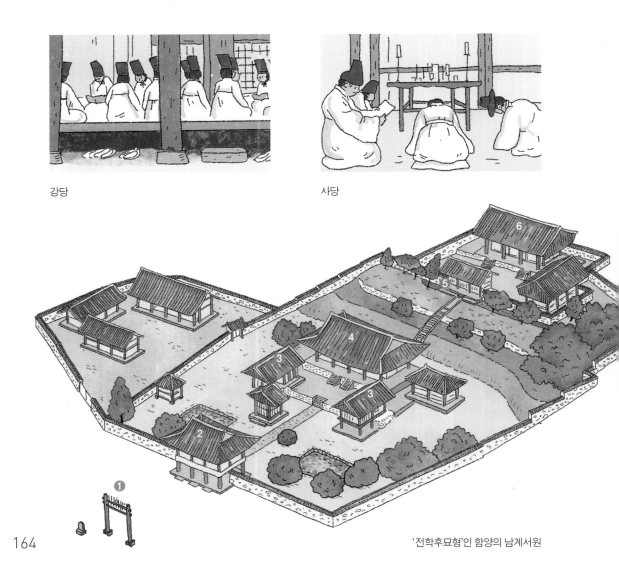

'전학후묘형'인 함양의 남계서원

우고 익히며 토론하는 강학 공간, 그리고 자연과 더불어 여유를 즐기며 휴식을 취하는 정자와 같은 여유 공간이에요.

　서원 내 건물 배치는 제향 공간과 강학 공간의 위치에 따라 두 가지 형태로 나뉘어요. 서원이 평지에 자리 잡으면 '전묘후학前廟後學'이라 해서 제향 공간을 앞쪽에 두고 강학 공간을 뒤에 두었어요. 반면 경사지에 서원이 들어서면 '전학후묘前學後廟'라 해서 강학 공간을 앞에, 제향 공간을 뒤에 두었어요. 서원에서 가장 중요하게 생각한 것은 선현을 공경하는 마음이었어요. 따라서 교육 공간보다 제향 공간을 중시했는데, 평지 서원의 경우 출입문을 들어서서 처음 나오는 곳이 서원 내 핵심 영역이었어요. 하지만 경사지에 있는 서원의 경우에는 멀리서도 전각이 잘 보이는 뒤쪽 높은 지대가 서원 내 핵심 영역이어서 뒤쪽에 제향 공간을 두었어요.

❶ 홍살문

서원을 방문하면 제일 먼저 눈에 띄는 구조물이에요. '붉은 화살 문'이라는 뜻으로, 신성한 구역으로 진입함을 표시하고 있어요. 서원 외에 왕릉이나 향교에도 홍살문이 세워져 있어요.

❷ 풍영루

누각 건물로 1층은 서원으로 들어가는 출입문이며, 2층은 서원 앞쪽 경관을 감상하는 정자예요.

❸ 동재·서재

서원에서 공부하는 학생들이 생활하는 공간으로 기숙사라 할 수 있어요.

❹ 강당

서원에서 공부하는 학생들이 선생님으로부터 학문을 배우고 익히며 토론을 하는 학문 연마 장소예요.

❺ 내삼문

제향 공간인 사당으로 들어가는 출입문이에요.

❻ 사당

서원에서 모시는 덕망 높은 유학자의 위패를 모신 제향 공간이에요.

서원에서 보물찾기

❾ 영주 소수 서원

❽ 안동 도산 서원

❼ 안동 병산 서원

❻ 경주 옥산 서원

❺ 달성 도동 서원

❹ 함양 남계 서원

❸ 장성 필암 서원

❷ 정읍 무성 서원

❶ 논산 돈암 서원

충북

충남

경북

전북

경남

전남

❶ 돈암 서원

1634년 세워진 돈암 서원은 사계 김장생을 기리고 있어요. 돈암 서원의 첫 글자인 '물러날 돈遯' 자에는 관직에서 물러나 자연에 은둔하며 학문에 전념했던 김장생의 선비 정신이 잘 담겨 있어요. 강당인 응도당은 우리나라 서원 강당 중 규모가 가장 크다고 해요.

❷ 무성 서원

무성 서원은 신라 시대 유학자였던 최치원을 기리는 서원이에요. 정읍 태산 지방을 다스렸던 최치원이 떠난 뒤 그를 그리워하는 백성들이 세운 사당인 태산사에서 출발했지요. 대부분의 서원이 기숙사인 동재와 서재를 강당 앞에 배치하는데 이 서원은 담장 밖에 있어요.

❸ 필암 서원

1590년에 세워진 필암 서원은 장성 출신 유학자 하서 김인후의 학문과 덕행을 기리고 있어요. '전학후묘' 형 서원이에요.

❹ 남계 서원

남계 서원은 소수 서원에 이어 우리나라에서 두 번째로 세워진 서원이에요. 조선 전기 유학자 일두 정여창을 기리고 있어요. '남계'라는 이름은 서원 앞을 흐르는 남계천에서 따왔어요. 이 서원에서 시작된 전학후묘형 서원 배치는 이후 각 서원 설립 때 본보기가 되었어요.

❺ 도동 서원

'성리학의 도가 동쪽으로 왔다.'는 의미를 담은 도동 서원은 조선 전기 유학자 김굉필의 학문과 덕행을 기리는 서원이에요. 강당인 중정당의 굵은 기둥에는 흰 종이띠가 감겨 있어요. 도동 서원에서 기리고 있는 김굉필이 우리나라 최고 유학자들인 동방 5현김굉필, 정여창, 조광조, 이언적, 이황 중 가장 나이 많은 연장자임을 알리는 표시라고 해요.

❻ 옥산 서원

옥산 서원은 동방 5현 중 한 사람인 회재 이언적의 학문과 덕행을 기리는 서원이에요. 이언적은 영남 지역 선비들의 정신적 지주였다고 해요. 서원 앞에 세워진 유물관에는 김부식의 《삼국사기》를 비롯하여 이규보의 《동국이상국집》 등 희귀한 여러 고서가 보관되어 있어요.

❼ 병산 서원

우리나라에서 가장 아름다운 서원으로 손꼽히는 병산 서원은 임진왜란을 극복하는 데 앞장선 서애 류성룡을 기리는 서원이에요. 서원 앞에 병풍 모양으로 둘러쳐진 산인 병산에서 이름을 따와 '병산 서원'이라 했어요.

❽ 도산 서원

도산 서원은 조선 시대 성리학의 대가인 퇴계 이황을 기리는 서원이에요. 조선 최고의 유학자 퇴계 이황을 모신 서원답게 조선 시대 여러 서원들의 본보기 서원이에요. 이 서원에서 모은 선비들의 의견은 서울 중앙 정부의 정책 결정에 영향을 주었어요.

❾ 소수 서원

소수 서원은 우리나라 최초의 사액 서원이에요. 임금이 현판 글씨를 직접 써서 내려보낸 서원을 '처마 밑에 다는 현판을 임금으로부터 하사받았다.'는 뜻에서 '사액 서원'이라 해요. 사액의 한자어가 '줄 사賜'에 '현판 액額'이에요. 국가로부터 사액되었음은 정부가 공식적으로 인정한 서원이라는 의미를 담고 있어서 사액 서원들의 자부심은 하늘을 찌를 듯했어요. 오

늘날 경북 영주시에 속한 풍기 지역 군수였던 주세붕은 고려 시대 유학자인 안향을 기리는 백운동 서원을 설립했어요. 이후 풍기 군수로 부임한 퇴계 이황이 명종 임금에게 건의하여 임금이 친필로 쓴 '소수 서원'이라는 현판을 백운동 서원에 내려보냈어요. 백운동 서원이 조선 최초의 사액 서원이 되는 순간이었지요.

티지의 궁금증

서원이 뒤로 가면서 부패하기도 했다는데 정말 그랬나요?

서원은 원래 학문을 연구하고 선현 제사를 지내는 공간이었지만 시간이 지나면서 서원들 간의 대립과 다툼이 심해졌어요. 또한 서원은 세금을 면제받았기 때문에 조선 후기에 이곳저곳 우후죽순처럼 설립된 서원들은 나라 재정을 궁핍하게 만들었어요. 서원이 국가 재정을 좀먹고 백성들을 괴롭히는 장소로 전락하자 흥선 대원군은 서원 철폐령을 내려 전국에 있던 600여 개의 서원 중 47개소를 남기고 모두 없애 버렸어요. "백성을 해치는 자가 있다면 비록 공자가 다시 살아난다 하더라도 나는 용서하지 않겠다."고 힘주어 외쳤던 대원군의 말은 서원의 문제점이 어디에 있는지를 잘 알려 주고 있어요.

인도: 바하르 날란다의 날란다 대승원_{날란다 대학교} 고고학 유적

등재 연도 2016년

"우리가 가진 모든 불교 지식의 원천은 날란다에서 왔다." 티베트의 정치·종교 지도자 달라이 라마 14세가 남긴 말이에요. 날란다는 인도 동북부에 있는 불교 사찰 겸 교육 기관이에요. '연꽃이 피어 있는 곳'이라는 뜻을 담고 있지요. 불교에서 연꽃은 지혜의 상징이에요. 날란다에서는 수많은 승려가 불교 교리를 공부하며 수행에 힘썼어요. 당나라 승려 현장이 631년에 이곳을 방문했을 당시 머무르던 사람만 해도 1만 명이 훌쩍 넘었다고 하니 어마어마한 규모였지요.

 날란다 대승원은 427년 건립된 이래 700여 년 동안 번영을 누렸어요. 하지만 1193년, 이슬람 군대의 침략으로 파괴되면서 폐허가 되었어요. 1800년대에 이르러서 날란다 유적 발굴이 시작되었고 장기간의 복원 작업 속에 일부 건물들을 복원해 놓았어요.

모로코: 페스의 메디나

등재 연도 1981년

북아프리카 모로코에 '페스'라는 도시가 있어요. 모로코 북부 지방에 있는 도시로, 모로코에서는 카사블랑카 다음으로 큰 도시이자 8세기에 세워진 오랜 전통을 지닌 역사 도시예요. 모로코 여러 왕조의 수도이기도 했어요.

페스의 옛 시가지인 메디나는 '세상에서 가장 복잡한 도시'라는 별명을 가지고 있어요. 좁은 골목이 도시 내에 미로처럼 얽혀 있기 때문에 붙여진 별칭이지요. 메디나는 아랍어로 본뜻은 '도시' 그 자체를 의미하지만 페스에서는 '옛 시가지'를 뜻한다고 해요. 페스에 미로처럼 얽힌 메디나가 만들어진 이유는 도시를 침범해 오는 외적들을 효과적으로 방어하기 위해서였어요.

한편 페스의 메디나는 교육의 도시이기도 해요. 세계에서 현존하는 가장 오래된 대학이 페스에 있어요. 859년에 세워진 알 카라윈 대학으로 현재도 학생들이 공부하고 있어요.

에스파냐: 살라망카 옛 시가지

등재 연도 1988년

에스파냐 북서부 카스티야 지방에 있는 도시 살라망카는 '교육의 도시'라는 별명을 갖고 있어요. 전체 인구 14만여 명 중 학생 비율이 20~30%를 차지하고 있기 때문이에요. 이에 걸맞게 이곳에는 오랜 전통을 이어 오고 있는 교육 기관이 있어요. 바로 1218년 개교한 살라망카 대학교예요. 에스파냐에서 현존하는 가장 오래된 대학교이지요.

 살라망카 대학은 살라망카라는 도시의 정체성을 담은 곳이기도 해요. 대학 도서관에 어마어마한 양의 책을 소장하고 있으며, 오랜 전통을 지닌 학문원, 29개 동이나 되는 기숙사 등 대학의 많은 공간이 오랜 세월과 역사를 담고 있어요. 대학을 중심으로 형성된 옛 시가지에는 고딕, 르네상스, 바로크 양식 등 다양한 건축 양식을 지닌 건물들이 줄줄이 서 있어요.

멕시코: 멕시코 국립 자치 대학교 중앙 대학 도시 캠퍼스

등재 연도 2007년

유네스코가 지정한 세계유산이라고 하면 왠지 오랜 전통과 역사를 지녀야만 할 것 같아요. 하지만 꼭 그렇지만은 않아요. 유네스코에서는 유산이 담고 있는 문화적 가치와 인류에게 미친 여러 가지 영향들을 중요하게 생각하기에, 전통과 역사가 짧더라도 특별한 의미나 상징성이 담겨있다면 세계유산으로 등재해요.

　멕시코 국립 자치 대학교 중앙 대학 도시 캠퍼스가 유네스코의 세계유산 등재 원칙을 잘 보여 주는 세계유산이에요. 멕시코 국립 자치 대학교는 16세기에 에스파냐의 왕립 대학으로 출발했기에 역사와 전통은 깊어요. 하지만 유네스코에서 주목한 멕시코 대학의 세계유산으로서의 가치는 오랜 전통 그 자체가 아닌 1945년부터 1952년 사이에 만들어진 중앙 대학 도시 캠퍼스 건물에 있어요.

　유네스코는 멕시코 국립 자치 대학교 중앙 대학 도시 캠퍼스가 멕시코의 고유 전통과 현대적인 조형미를 절묘하게 조화시킨 건축물로 봤어요. 또 60여 명의 건축가와 공학자, 예술가들이 협력해 만든 캠퍼스와 주변 환경이 멕시코 혁명 이후의 사회, 정치적 변화를 잘 드러낸다고 평가했어요. 이런 점 때문에 유네스코는 현대에 만들어진 건물이지만 중앙 대학 도시 캠퍼스 건물을 세계유산으로 등재했어요.

가야 문화의 화려함을 보여 주는
가야 고분군

경북 고령
경남 합천
전북 남원
경남 고성
경남 창녕
경남 김해
경남 함안

가야는 삼국 시대 당시 백제와 신라 사이에 있었던 연맹체 왕국이에요. 연맹체 안에 있던 작은 나라들이 각기 자율성을 가지고 나라를 운영했기에 하나의 국가로 묶을 수 없는 개별 정치체였지만, 연맹국들은 상호 동질성을 바탕으로 나라 간 결속을 다졌어요. 또 백제, 신라와는 물론 중국, 일본과도 교류하면서 나라 이름을 해외에 널리 알렸어요.

가야 연맹 지배층은 1~6세기에 걸쳐 한 장소에 지속하여 무덤을 만들어 고분군을 조성했어요. 그중 일곱 곳이 '가야 고분군'이라는 이름의 연속유산으로 유네스코에 등재되었어요. 김해 대성동 고분군, 함안 말이산 고분군, 합천 옥전 고분군, 고령 지산동 고분군, 고성 송학동 고분군, 남원 유곡리와 두락리 고분군, 창녕 교동과 송현동 고분군이 바로 그곳들이지요. 이들 고분군이 연속유산으로 등재된 이유는 가야가 연맹체 왕국이지만, 각 나라가 자치적인 정치 체제를 갖추고 있어 고대 동아시아 문명의 다양성을 보여 주기 때문이에요. 또 고분군의 지리적 분포, 매장 유형, 부장용품 등을 통해 가야 연맹에 속한 작은 나라들이 문화적 공통점을 갖고 있다는 사실을 입증하고 있기 때문이에요.

		가야 고분군
세계유산 등재 연도		2023년
만들어진 시기		1~6세기
있는 곳	대성동 고분군	경상남도 김해시 가야의길 126
	말이산 고분군	경상남도 함안군 가야읍 고분길 153-31
	옥전 고분군	경상남도 합천군 쌍책면 성산리 산23-18
	지산동 고분군	경상북도 고령군 대가야읍 지산리 산8번지
	송학동 고분군	경상남도 고성군 고성읍 송학리 470
	유곡리와 두락리 고분군	전북특별자치도 남원시 인월면 성내길 35-4
	교동과 송현동 고분군	경상남도 창녕군 창녕읍 교리 129 등
관람 시간		연중무휴

다 같이 돌자! 가야 고분 한 바퀴

가야 연맹체는 철의 생산이 많았고, 그 철을 중국과 일본 지역에 수출했기에 흔히들 '철의 왕국'이라고 해요. 그런 가야를 부르는 별명이 또 하나 있는데 바로 '해상 왕국 가야'예요. 바다 왕국이라고 하니, 어때요? 가야가 해안가에 있는 나라로 상상되지 않나요? 하지만 정작 가야는 현재의 경상남도 해안가 일대뿐만 아니라 경상북도 내륙 지역, 심지어 전북특별자치도 내륙 지역에도 정치 세력이 있어서 고분군이 자리 잡고 있어요. 우리가 생각했던 것보다 가야 연맹체는 훨씬 넓은 지역에서 활발하게 활동했던 연맹 왕국이었죠.

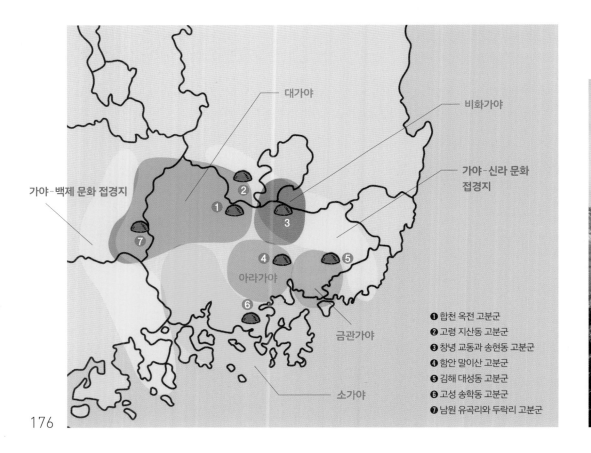

대가야

비화가야

가야-신라 문화
접경지

가야-백제 문화 접경지

⑦

①

②

③

④

아라가야

⑤

⑥

금관가야

소가야

❶ 합천 옥전 고분군
❷ 고령 지산동 고분군
❸ 창녕 교동과 송현동 고분군
❹ 함안 말이산 고분군
❺ 김해 대성동 고분군
❻ 고성 송학동 고분군
❼ 남원 유곡리와 두락리 고분군

대성동 고분군 경남 김해

전기 가야 연맹을 이끌었던 금관가야의 지배층이 묻힌 고분군으로, 1~5세기에 걸쳐 만들어졌어요. 금관가야 초기 시대부터 말기 시대까지 지배층의 무덤이 이곳에 함께 있어서 금관가야 무덤 양식의 변천 과정을 적절히 파악할 수 있어요.

말이산 고분군 경남 함안

아라가야의 고분군으로, 세계유산으로 등재된 일곱 곳의 고분군 중 가장 오랜 기간에 걸쳐 만들어졌어요. 1세기부터 6세기까지 만들어진 무덤이 한곳에 있어요.

옥전 고분군 경남 합천

4~6세기 가야 연맹 지배층의 삶을 알 수 있게 하는 고분군이에요. '옥전'이라는 이름은 '구슬이 많이 나는 밭'이라는 뜻으로, 무덤 안에서 구슬이 많이 출토되어서 지어진 이름이에요.

지산동 고분군 경북 고령

후기 가야 연맹체를 이끌었던 대가야 지배층이 묻혀 있는 고분군이에요. 대가야는 금관가야가 쇠퇴하는 5세기부터 가야 연맹을 주도 했어요. 대형 무덤은 산 정상 부근에, 중소형 무덤은 산 중턱에 만들어졌는데 이는 지배층 내의 상하 관계를 반영한 것으로 추정돼요.

유곡리와 두락리 고분군 전북 남원

후기 가야 시기 백제와 근접한 서북부 내륙 지방에 자리 잡았던 가야 사람들의 고분군이에요. 오늘날 남원 지역인 이곳은 가야 연맹의 최대 범위를 추정하게 함과 동시에 가야와 백제의 교류 사실을 알 수 있게 해요.

교동과 송현동 고분군 경남 창녕

후기 가야 연맹을 구성했던 창녕 지방 비화 가야의 중심지에 조성된 고분군이에요. 무덤 안에서 출토되는 유물이 대가야, 백제, 일본과의 교역품 외에 신라계 유물도 많이 포함하고 있어요. 비화가야가 지리적으로 인접했던 신라와 활발하게 교류했음을 알려 주지요.

송학동 고분군 경남 고성

5~6세기 가야 연맹체 국가인 소가야 지배층의 무덤군이에요. 해안가를 접하고 있는 고성 분지에 세워진 소가야는 바닷길을 통해 백제, 일본과 활발하게 교류하면서 성장했어요. 송학동 고분군에는 돌방 천장이 붉은 물감으로 칠해진 무덤이 있어요. 이러한 채색 고분은 일본 규슈와 간사이 지방 고대 무덤에서 자주 볼 수 있어요. 고대 시대 가야와 일본 열도 국가 간에 교류가 있었음을 알게 하지요.

송학동 고분군에서는 묘실 천장과 벽면에 붉은색이 칠해진 굴식 돌방무덤이 발견되었어요.

붉은색이 칠해진 송학동 고분군의 돌방 천장

가야 고분에서 보물찾기

대성동 고분군 경남 김해

무덤 안에서 토기, 철기 외에도 중국의 청동거울, 일본의 바람개비 모양 동기 등의 껴묻거리가 출토되었어요. 중국과 가야, 일본 사이에 무역이 활발했음을 알려 주고 있어요.

각종 토기류

바람개비 모양의 파형 동기와 통형 동기

부장품이라고도 하는 껴묻거리는 장례를 치를 때 시체와 함께 묻어 주는 물건을 말해요. 죽은 자가 생전에 사용하던 물건을 무덤 안에 넣은 것이 껴묻거리의 시작으로 보여요. 무덤 안에서 출토되는 껴묻거리들은 무덤 주인공의 신분을 추정하게 하는 근거가 되고, 당시 문화를 연구하는 데 큰 도움을 줘요.

아끼는 물건을 저승까지 가져가고 싶었나 봐.

말이산 고분군 경남 함안

토기, 철제 무기, 교역품 등 다량의 껴묻거리가 확인되었어요. 불꽃이 솟구치는 듯한 문양을 지닌 화염형 토기가 많이 출토되었어요. 집과 배 모양 토기도 출토되었지요.

화염형 토기

등잔 모양 굽다리 접시

물체를 본 딴 모양 토기

옥전 고분군 경남 합천

껴묻거리로 화려하게 제작된 귀걸이, 목걸이와 더불어 2,000여 개가 넘는 구슬이 출토되었어요. 옥전 고분군에서 나온 껴묻거리 중 금동으로 만들어진 투구와 기꽂이는 고구려 문화의 영향을 받은 걸로 추정되고 있어요.

옥전 고분군 출토 구슬

옥전 고분군 출토 금동장식 투구

옥전 고분군 출토 기꽂이 181

지산동 고분군 경북 고령

후기 가야 연맹체를 이끈 대가야 무덤군답게 다양한 유물이 출토되었어요. 특히 주변국과의 교류 흔적을 엿볼 수 있는 유물이 다수 출토되어 대가야 세력의 힘이 상당했음을 알게 해요. 무덤 안에서 출토된 청동 그릇은 백제 무령왕릉 출토품과 같은 형태여서 백제의 영향을 받은 것으로 추정돼요. 세잎고리자루 큰칼은 신라 황남대총 남분 출토품과 똑 닮았어요. 오키나와산 야광 조개로 만든 국자는 주변국과의 교류를 짐작하게 해요.

지산동 44호분 출토 야광조개 국자(복원품)

신라 천마총 출토 야광조개국자 (복원품)

지산동 44호분 출토 청동 그릇

백제 무령왕릉 출토 청동 그릇

지산동 45호분 출토 세잎고리 자루 큰칼

신라 황남대총 출토 세잎고리 자루 큰칼

송학동 고분군 경남 고성

삼각형 투창 모양의 고배높은 굽을 가진 접시로 대표되는 소가야식 토기와 대가야, 백제, 신라, 일본과의 교류 사실을 알 수 있는 토기, 마구 등이 출토되었어요. 조개 말띠 꾸미개는 일본 남쪽 바다에서 채취되는 청자고동 껍질을 가공해 만든 송학동 고분군만의 특색 있는 유물이에요.

삼각형 투창의 굽다리 접시

조개말띠 꾸미개

유곡리와 두락리 고분군 전북 남원

원통 모양 그릇 받침 등 대가야의 영향이 엿보이는 토기를 비롯한 철제 유물과 함께 백제계 청동 거울, 금동 신발이 출토되었어요. 백제계 청동 거울은 백제 왕릉의 부장품과 비슷해서 가야와 백제의 교류 모습을 잘 보여 줘요.

유곡리와 두락리 고분군 출토 청동 거울

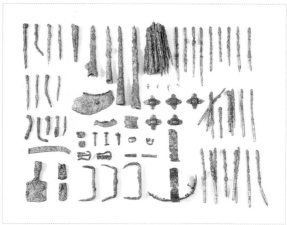

유곡리와 두락리 고분군 출토 철기 유물

교동과 송현동 고분군 경남 창녕

신라와 가까운 지역에 있는 가야 고분군답게 신라계 유물들이 다량으로 출토되었어요. 신라 계통으로 금제 귀걸이, 금동제 나비 모양 관장식, 은제 허리띠, 마구 등이 있어요. 대가야, 백제, 일본과도 교류가 있었음을 알 수 있는 유물도 출토되고 있어요.

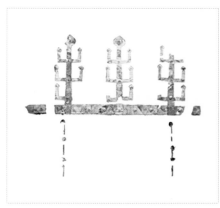

교동과 송현동 고분 출토 금동관

교동과 송현동 고분 출토 장신구

183

일본: 모즈·후루이치 고분군-고대 일본의 무덤

등재 연도 2019년

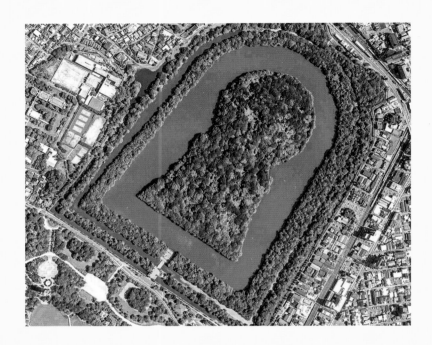

오사카부 평야 지대에 있는 '모즈·후루이치 고분군'은 3~6세기 중앙 집권화가 되기 전 일본의 고분 시대 문화를 대표하는 유적이에요. 가야 고분군과 마찬가지인 연속유산으로, 총 49개의 고분이 한꺼번에 세계유산으로 등재되었어요.

세계 각국의 고대 무덤들이 관이나 석실에 시신을 넣은 무덤이거나 돌을 쌓아 만든 무덤인데 비하여 모즈·후루이치 고분군의 무덤들은 전방후원 무덤을 비롯해서 사각 무덤, 원형 무덤, 사다리꼴 무덤 등 무덤에 기하학적인 디자인을 적용하고 있어요. 또 '하니와'라 불리는 대형 토기와 집, 동물, 사람 등을 모방한 토기로 무덤 둘레를 장식한 것이 특징이에요.

유네스코는 모즈·후루이치 고분군이 일본의 고분 시대를 대표하는 특별한 증거이자 이 시기 사회 정치 구조, 사회 계급별 차이, 상당히 정교했던 장례 체계를 입증하는 유물이고, 고대 동아시아 매장지 건축의 탁월한 유형이기 때문에 세계유산으로 등재했어요.

바레인: 딜문 고분군

등재 연도 2019년

딜문 고분군은 중동 지역 섬나라인 바레인 북서쪽에 있는 총 21개 유적지로 이루어진 연속 유산이에요. 딜문 국가가 만들어지던 기원전 2200년에서 기원전 1750년까지 450여 년간 만들어진 무덤군이에요. 21개 유적지 안에 있는 무덤은 10여 기가 넘는 왕실 무덤을 포함하여 총 1만 1천여 기가 넘어요.

딜문 고분군은 현재 바레인 땅에 세워진 고대 국가 딜문의 사회 계층 변화를 증명해 줘요. 기원전 2000년 무렵 국제 교역 중심지로 번성했던 딜문은 인구가 급속히 증가했어요. 이 과정에서 사회 계층이 자연스럽게 분화되었는데, 이러한 사회 분화가 무덤 규모와 내부 디자인에 영향을 주었어요. 유네스코는 무덤 개수와 밀도, 규모는 물론이거니와 벽감^{벽면을} ^{파서 물건을 놓을 수 있게 한 공간}이 있는 묘실과 같은 건축 유형과 세부적인 측면에서 전 세계적으로 독특한 특성이 있는 딜문 고분군을 2019년 세계유산으로 등재했어요.

그리스: 아이가이 베르기나 고고 유적

등재 연도 1996년

아이가이는 고대 마케도니아 왕국의 수도로, 19세기에 그리스 북부 베르기나 인근에서 발견되었어요. 아크로폴리스 바로 아래에 자리 잡은 거대한 왕궁은 2~3층 높이로 추정되며, 도리아 양식의 돌기둥이 다수 남아 있어요.

왕궁과 더불어 이 유적지에서 유명한 곳은 고분군이에요. 300여 기의 무덤이 3km 이상 이어지는 고분군에는 마케도니아 왕조의 왕족들과 신하들이 매장되어 있어요. 헬레니즘 시대를 열었던 알렉산드로스 대왕의 아버지 필리포스 2세 무덤도 이곳에 있어요.

유네스코는 아이가이 유적이 도시 국가에서 고대 그리스와 로마 제국주의 시대로 넘어가는 과도기에 이루어진 유럽 문명의 발전을 증언해 주고, 여러 왕족의 묘와 그곳에서 출토되는 풍부한 부장품의 가치가 특별하다고 판단하여 세계유산으로 등재했어요.

튀르키예: 넴루트 산

등재 연도 1987년

튀르키예 남동쪽 넴루트 산에는 알렉산드로스 제국이 무너진 이후 등장한 헬레니즘 왕국 중의 하나인 콤마게네를 통치한 안티오코스 1세가 자신을 위해 지은 '히에로테시온^{성스러운}안식처'이 있어요. 산 정상에서 안티오코스 1세가 묻힌 고분인 '히에로테시온'과 줄지어 나란히 앉아 있는 거대한 석상들을 만날 수 있어요.

석상의 정체는 왼쪽부터 차례로 안티오코스 1세, 여신 콤마게네, 제우스-오로마스데스, 아폴론-미트라스, 헤라클레스-아르타그네스-아레스예요. 어때요? 석상들의 이름이 익숙한 듯하면서도 아리송하죠? 그리스 신들과 페르시아 신들 이름이 융합된 지극히 헬레니즘스러운 이름들이에요. 헬레니즘은 알렉산드로스 대왕이 중동과 북인도 지역까지 영토를 확장하며 그리스의 사상과 문화를 정복지에 적극 전파하면서 현지 문화와 결합되어 나타난 동서 융합 문화를 말해요.

유네스코는 넴루트 산 안티오코스 1세 무덤의 독창성과 그리스와 페르시아 문화가 자유롭게 결합된 거상들의 특이성을 인정하여 세계유산으로 등재했어요.

사진 출처

189

● 본문에 사용된 사진 가운데 저작권자 확인이 안 된 일부 사진에 대해서는 저작권자가 확인되는 대로 게재 허가를 받고 사용료를 지불하겠습니다.